Nein sagen

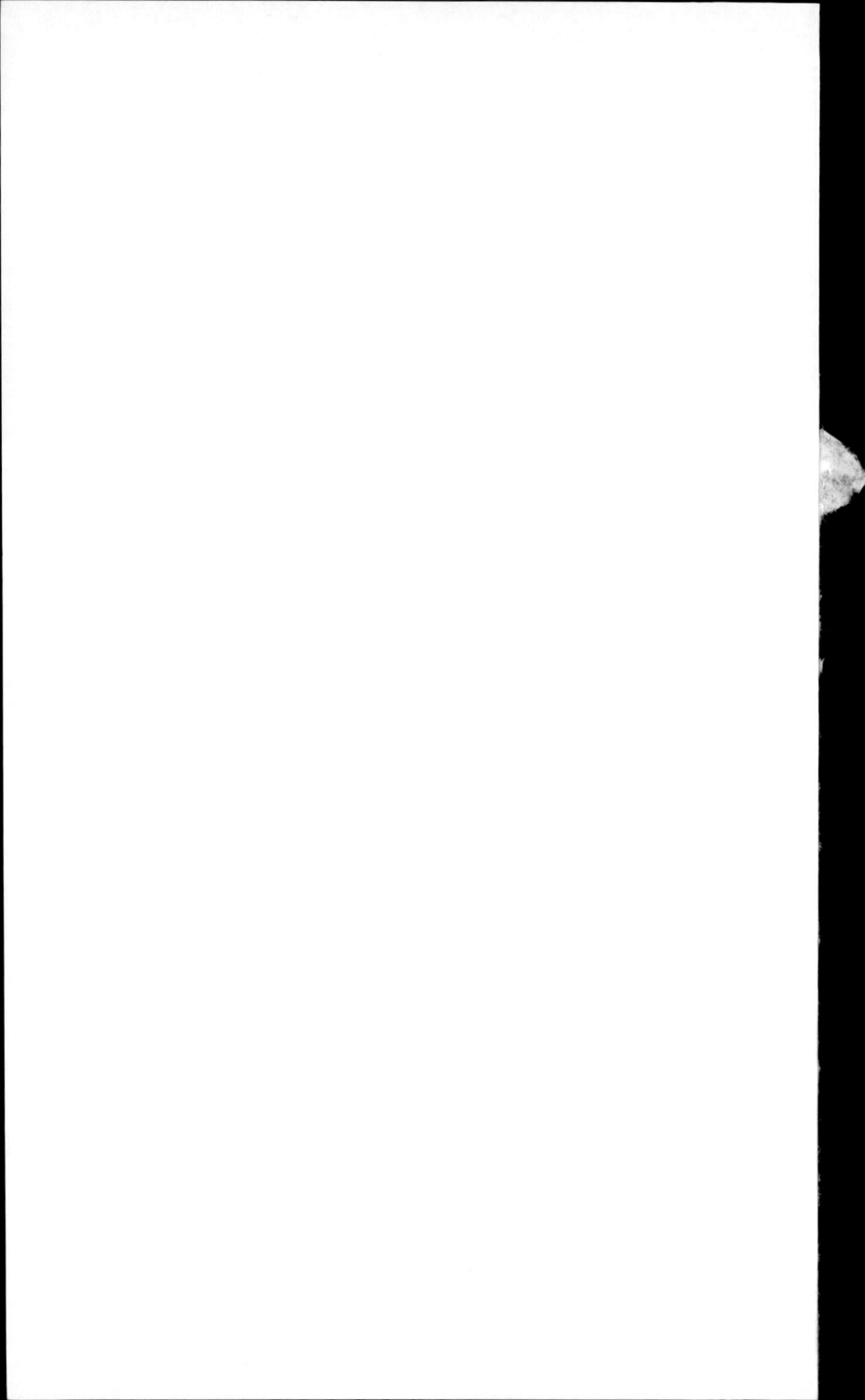

CHRIS LEY

Nein sagen

Wie du in 30 Tagen lernst Nein zu sagen,
so dass es kurz, ehrlich, positiv und respektvoll ausfällt

Bibliografische Information der Deutschen Nationalbibliothek
Die Deutsche Nationalbibliothek verzeichnet diese Publikation in der
Deutschen Nationalbibliografie; detaillierte bibliografische Daten
sind im Internet über http://dnb.dnb.de abrufbar.

Coverdesign, Satz, Herstellung und Verlag:
BoD – Books on Demand, Norderstedt
ISBN 978-3-7519-6970-3

Inhalt

Nein sagen heißt, zu entscheiden, was für dich wichtig ist. In diesem Buch lernst du deine Arbeit nach Wichtigkeit zu klassifizieren und zu entscheiden, was deinen Zielen und Werten tatsächlich entspricht. So fällt es dir nicht nur leichter, bewusst Ja oder bewusst Nein zu sagen. Du stärkst ganz nebenbei sowohl dein Selbstvertrauen als auch dein Selbstbewusstsein. Damit hast du die Chance auf ein selbstbestimmteres und erfolgreicheres Leben. Zusätzlich erfährst du, wie du so Nein sagst, dass das Nein kurz, ehrlich, positiv und respektvoll ausfällt.

1 Das große Problem mit einem kleinen Wort

Die Kinder verwechseln dich mit einem Taxiunternehmen und wollen nach der Schule von dir zum Sport gefahren werden. Deine Kollegin muss leider völlig überraschend früher Feierabend machen und bittet dich, ihre wichtige Präsentation noch fertigzustellen. Deine Schwiegermutter sehnt sich nach ihrem Sohn und lädt sich für das Wochenende zum Kaffeetrinken mit Übernachtung bei dir ein – und du? Du kennst das alles und möchtest am liebsten nur noch schreiend davonlaufen oder dir mindestens für ein paar Tage die Decke über den Kopf ziehen und für deine Umwelt unsichtbar werden. Vielleicht tut sich auch die Erde vor dir plötzlich auf und du findest ein ruhiges Plätzchen, an das du dich zurückziehen kannst und wo dich niemand findet!? Wahrscheinlich aber passiert das nicht und die Dinge laufen wie immer – du bemühst dich, allen und jedem gerecht zu werden, damit die liebe Familie und die netten Kollegen zufrieden sind. Ganz nebenbei stellst du irgendwann fest, dass du dabei auf der Strecke bleibst – und schlimmer noch, es machen sich erste gesundheitliche Probleme bemerkbar und du zweifelst an dir. Ganz sicher liegt es an dir, dass sich jeder nur auf deine Kosten amüsiert und sich niemand dafür interessiert, wie es dir geht … Doch halt! Warum hast du eigentlich dieses Buch in der Hand?

Du hast dich schon in den ersten Zeilen wiedergefunden? Du weißt im hektischen Alltag oft überhaupt nicht, wo du anfangen sollst, und hast den Eindruck, du zerreißt dich zwischen deiner Familie, deinem Partner und deinem Job und verlierst dabei den Blick für dich und alles, was dir Spaß macht? Vermutlich hat dich auch der Titel angesprochen, klingt er doch ein wenig provokativ und will dir beibringen, wie du endlich lernst, Nein zu sagen. Natürlich vermutest du wohl schon, dass du damit ein kleines Problem hast, denn sonst hätte dich der Titel sicher nicht fasziniert. Jetzt verspricht er dir auch noch, dass du innerhalb kurzer Zeit lernst, ein so stabiles Selbstbewusstsein aufzubauen, dass du ohne Probleme den einen oder anderen Wunsch ablehnst. Eigentlich klingt das für dich wie Zauberei, vielleicht auch wie ein leeres Versprechen. Im Geheimen fasziniert dich sicher auch der Gedanke, dass du es endlich lernst, freundlich und bestimmt einen Wunsch abzulehnen – und die Person mindestens in deiner Phantasie zum Teufel zu jagen, damit sie dich in Ruhe lässt. Damit hast du schon den ersten kleinen Schritt auf dem Weg zu mehr Selbstbewusstsein getan, denn du hast erkannt, dass du etwas tun willst. Irgendwie ist dir klar, dass du so nicht mehr weiterleben möchtest. Du liebst deine Familie, du möchtest nicht ohne deine Kinder und deinen Partner sein, und du treibst genauso gerne deine Karriere voran. Trotzdem fällt dir immer mehr auf, dass du selbst auf der Strecke bleibst, weil es dir irgendwie nicht gelingt, die großen und kleinen Wünsche und Aufträge, die im Alltag von allen Seiten an dich herangetragen werden, zu erfüllen und zu erledigen. Du hast also einen bestimmten Handlungsbedarf für dich schon erkannt – anders formuliert, du hast dein Bewusstsein für dein Problem geschärft! Das ist super, denn dieses Bewusstsein geht vielen anderen Menschen verloren. Du weißt also, dass du handeln solltest und handeln willst und damit bist du schon etwas weiter als unzählige andere Zeitgenossen. So weit, so gut, doch wie packst du dein kleines Problem an? Wie lernst du denn nun endlich, Nein zu sagen und eine Bitte freundlich, aber bestimmt abzuweisen – natürlich ohne schlechtes Gewissen?

In diesem Buch erfährst du, wie du innerhalb von einem Monat ein stabiles Selbstbewusstsein aufbaust. Es ist die wichtigste Voraussetzung dafür, selbstbewusst und ohne schlechtes Gewissen Nein zu sagen. Dazu mache ich mit dir einen Ausflug in die Theorie und in die Wissenschaft. Doch keine Angst – was am Anfang unglaublich langweilig klingt und dich vielleicht dazu verleitet, das Buch gleich wieder aus der Hand zu legen, wird dich schon nach kurzer Zeit enorm fesseln. Du bist nämlich mit deinem Problem nicht allein, und so, wie es dir geht, empfinden noch viele andere Menschen. Vor allem aber lernst du, Schritt für Schritt und mit einem hohen Bezug zur Praxis, wie du am besten vorgehst. Die Theorie ist schön und gut, sie ist spannend und sie wird dir viele wichtige Einblicke liefern. Die Praxis ist allerdings das häufig zitierte Salz in der Suppe, und erst durch die Praxis lernst du im Alltag, Nein zu sagen. Weil aber die Praxis nicht ganz ohne die Theorie funktioniert, machen wir zuerst einen kleinen Ausflug in die Wissenschaft, damit du lernst, wie das menschliche Wesen denkt und fühlt.

Bevor es so weit ist, probiere es schon einmal mit einem Gedankenspiel …
Was wäre wohl passiert, wenn du in den oben genannten Beispielen freundlich, aber bestimmt Nein gesagt hättest? Du hättest deine Kinder nicht von der Schule abgeholt und sie auch nicht zum Sport gefahren. Du hättest die Präsentation für deine Kollegin nicht erstellt und hättest das Ansinnen deiner Schwiegermutter mit ihrem Besuch am nächsten Wochenende freundlich auf einen späteren Zeitpunkt verschoben. Und was glaubst du, wäre dann passiert? Lass dir gerne einen Augenblick Zeit bei dem Gedanken und überlege dir genau, was die Folge gewesen wäre. Du kannst dir gerne in deiner Phantasie vorstellen, was wohl geschehen wäre. Du

kannst dir auch gerne Zeit dabei lassen und verschiedene Varianten durchspielen …

Ziemlich sicher wäre – nichts passiert. Deine Kinder hätten ein wenig gemurrt und wären dann mit dem Fahrrad gefahren oder zu Fuß gelaufen. Deine Kollegin hätte sich wahrscheinlich geärgert und wäre am nächsten Morgen etwas früher im Büro gewesen, um die Präsentation fertigzustellen. Deine Schwiegermutter wäre wahrscheinlich auch nicht erfreut gewesen, ihr hättet euch aber sicher auf einen anderen Termin einigen können, der besser passt. Und ganz sicher wäre die Sonne am kommenden Tag wieder aufgegangen und die Welt wäre nicht untergegangen. Doch wie hättest du dich gefühlt – vorausgesetzt, dein Selbstbewusstsein macht dir keinen Strich durch die Rechnung? Ich vermute, du dürftest mit dir im Reinen sein. Du bist zufrieden, weil du abgelehnt hast und weil sich eine andere Lösung ergeben hat. Du fühlst dich gut und hast das Gefühl, dass du die Dinge unter Kontrolle hast. Vor allem fühlst du dich gut, weil du nicht der Fußabtreter für deine Umwelt bist. Das fühlt sich wirklich gut an und du gehst einfach mit einem besseren Gefühl durch den Alltag.

Ich bin sicher, dieses Gefühl ist so enorm, dass du gerne bereit bist, dich deiner ganz persönlichen Herausforderung zu stellen. Du hast jetzt schon einmal einen kleinen Vorgeschmack bekommen, wie es sein könnte, wenn du zukünftig mit mehr Selbstvertrauen durch dein Leben gehst. Mindestens in Gedanken hast du schon erfahren, wie gut sich das anfühlt und wie sich dein Alltag dadurch verändert.

Trotzdem macht sich in dir das Gefühl breit, dass du es ganz sicher nicht schaffst? Du wirst ganz sicher niemals lernen,

Nein zu sagen, weil dein Selbstvertrauen nicht ausreicht? Du fürchtest dich, bei anderen Menschen anzuecken und willst niemanden verletzen? Vielleicht hast du sogar Angst davor, geliebte Menschen in deinem Umfeld zu verärgern oder dir die Karriereaussichten im Job zu verbauen? Keine Angst, das ist völlig normal! Warum das so ist und dass es anderen Menschen genauso geht wie dir, zeigt dir der folgende kleine Ausflug in das Seelenleben eines anderen Menschen – in mein Seelenleben, um ehrlich zu sein. Bevor wir uns nämlich in Theorie und Praxis mit dem spannenden Thema »Selbstvertrauen« beschäftigen und uns ansehen, warum es uns so schwer fällt, anderen einen Wunsch abzuschlagen, lasse ich dich noch ein wenig in meine Seele schauen. Der kleine Ausflug zeigt dir vor allem, dass es durchaus möglich ist, stärker zu werden und sich zu behaupten – auch wenn du dir das heute noch kaum vorstellen kannst. Folge mir also jetzt erst einmal bei einem kleinen Ausflug in meine Vergangenheit …

Es ist heute ungefähr zehn Jahre her …

Ich steckte damals in der Krise meines Lebens. Meine langjährige Beziehung befand sich in einer Sackgasse, die Aussichten auf eine positive Entwicklung waren gering. Zu groß war die Kluft zwischen mir und meinem Partner geworden, zu sehr hatten die Bemühungen seiner Kinder Früchte getragen, die Beziehung zum Scheitern zu bringen. Kinder spüren sehr genau, ob die Liebe des Vaters oder der Mutter zu einer neuen Partnerin oder einem Partner so stark ist, dass kleine oder größere Lügen der Kinder ihr nichts anhaben können. Leider spüren sie auch sehr genau, ob sie diese Beziehung ebenfalls mit Lügen zum Scheitern bringen können. Und genau hier hatten zwei Kinder den Hebel angesetzt und mit immer wieder neuen kleinen und größeren Intrigen schließlich einen Keil in die Beziehung getrieben. Die schwere Entscheidung bestand also darin, eine Antwort auf die berühmte Frage »Gehen oder bleiben?« zu finden.

Nahezu zeitgleich stand ich beruflich vor der bisher größten Herausforderung. Ein Wechsel des Abteilungsleiters machte mir klar, dass mir selbst großes Fachwissen und enormer Ehrgeiz nicht dazu verhelfen würden, meine Karrierewünsche umzusetzen. Schlimmer noch – ich begriff schnell, dass es wohl meine Nase war, die meinem neuen Chef nicht passte. Von diesem Augenblick an hatte ich keine Ruhe mehr. Ich lernte bald, dass ich nichts mehr richtig machen konnte, weil meine Leistung sowieso ständig kritisiert wurde. Da ich nun aber offenbar ständig Fehler machte, musste meine Arbeit natürlich permanent kontrolliert werden – so jedenfalls war es die logische Schlussfolgerung für eine junge und noch unerfahrene Führungskraft. Unnötig zu erwähnen, dass ich im Lauf der Zeit immer unsicherer wurde und mir nichts mehr zutraute.

Nun hatte ich also zwei Baustellen in meinem Leben, wobei eine allein durchaus Herausforderung genug war. Ob privat oder beruflich – in meinem Leben schien nichts mehr zu funktionieren. Statt nun aber den Ausbruch zu wagen, einmal kräftig auf den Tisch zu hauen – gerne auch im wörtlichen Sinne –, begann ich an beiden Fronten, die Fehler ausschließlich bei mir zu suchen. Es dauerte nicht lange, bis ich mir einredete, ich sei nichts wert und könne es niemandem recht machen.

Ist man aber erst einmal in dieser Abwärtsspirale, gelingt es kaum noch, einen Fuß auf die Erde zu bekommen. Rückblickend muss ich sagen, dass das wirklich eine schlimme Zeit in meinem Leben war. Allerdings gipfelte das alles am Ende in zwei wirklichen Katastrophen – so jedenfalls empfand ich es damals. Mein Partner beendete schließlich die Beziehung und setzte mich auf die Straße, mein Chef wollte sich ebenfalls von mir trennen und schrieb die Kündigung. So stand ich also da, ohne Dach über dem Kopf und ohne Job – und das alles innerhalb von wenigen Monaten …

Wie du dir vielleicht vorstellen kannst, sieht es heute – etwa zehn Jahre später – etwas anders in meinem Leben aus. Ich habe eine wunderschöne Wohnung, ich verdiene so viel Geld, wie ich mir vor zehn Jahren kaum hätte erträumen lassen, ich habe einen Job, der mich absolut ausfüllt und befriedigt – und überhaupt geht es mir einfach blendend. Was das alles mit dem Thema »Nein sagen« und »Selbstvertrauen« zu tun hat? Nun, heute ist mir klar, dass ein Teil der Schuld an den kleinen und großen Katastrophen in meinem Leben durchaus bei mir lag. Ich habe genau den Fehler gemacht, niemals Nein zu sagen, niemals Grenzen zu setzen und habe viel zu häufig das gemacht, was andere von mir erwarten – ohne dabei auf mich selbst zu hören und zu achten.

Heute weiß ich es besser und würde es ganz sicher anders machen. Natürlich möchte man einem lieben Menschen immer noch einen Gefallen tun und einer Kollegin helfen, die gerade ziemlich viel zu tun hat. Trotzdem schadet es nicht, gelegentlich klar Position zu beziehen und die Grenzen abzustecken. Viel zu schnell wirst du sonst über den Tisch gezogen und verlierst dich dabei selbst.

Du siehst also, es geht nicht nur dir allein so …
Du siehst aber auch, dass es wichtig ist, das Neinsagen zu lernen. Ruhe dich also nicht auf der bequemen Position aus, dass du eben so bist und dass du harmoniebedürftig bist und niemandem auf die Füße treten willst. Viel besser ist es, die

Herausforderung jetzt anzunehmen und dich zu entscheiden, deinen Weg zu gehen. Auch du kannst innerhalb von kurzer Zeit mehr Selbstbewusstsein aufbauen und lernen, dich zu positionieren! Du wirst sehen, es macht sogar richtig Spaß, denn plötzlich bist du Herr über dein Leben und bestimmst endlich selbst, wo es langgeht!

Und noch etwas – hast du dir schon einmal überlegt, wie viele Menschen gerne mehr Selbstbewusstsein haben möchten? Klar, es gibt immer die beliebten Zeitgenossen, die vor Selbstvertrauen nur so zu strotzen scheinen und die bei jeder Gelegenheit in der vorderen Reihe stehen. Sie stellen sich ganz problemlos vor eine Gruppe von 50 Mann und referieren 30 Minuten über ein Thema, von dem sie eigentlich keine Ahnung haben – selbstverständlich, ohne dabei mit der Wimper zu zucken oder auch nur eine Sekunde zu zögern. Doch es gibt eben auch die anderen, die etwas zurückhaltender sind und die gerne mit ihrer Unsicherheit und ihrem Selbstvertrauen kämpfen. Es könnte sicher interessant sein, die selbstbewussten Zeitgenossen einmal zu fragen, wo sie das überschäumende Vertrauen in die eigenen Kenntnisse und Fähigkeiten erworben haben!

Wie beliebt diese Kenntnisse sind, siehst du übrigens auch an einem Blick in Google! Gib einmal das Stichwort »Selbstbewusstsein« in die beliebte Suchmaschine ein – und lass dich überraschen. Mehr als 28 Millionen Einträge werden dir angezeigt und in jedem Beitrag erfährst du die ultimativen Tipps, wie du im Handumdrehen zu einem selbstbewussten Auftritt kommst. Unzählige Tipps und Tricks lassen vermuten, dass du mit diesem Thema nicht allein bist, denn wohl jeder wünscht sich einen souveränen Auftritt mit der Fähigkeit, auch einmal ganz entspannt Nein zu sagen. Du bist also wirklich nicht allein mit deinem vordergründigen Schwachpunkt.

Mit diesem Buch gebe ich dir aber noch viel mehr an die Hand. Es geht nicht darum, den tausendsten Ratgeber zum Thema »Selbstvertrauen« zu schreiben. Es geht auch nicht darum, die Hintergründe zu beleuchten, warum es manchmal an Selbstbewusstsein fehlt. Und schon gar nicht geht es darum, lediglich die zehn besten Tipps zusammenzufassen, damit du sie bei Bedarf nachschlagen kannst – nur um dich bei nächster Gelegenheit wieder einmal über dich selbst zu ärgern, weil du eben nicht Nein sagen konntest.

Es geht um mehr ...
Auf den nächsten Seiten erfährst du zuerst, warum es uns so schwerfällt, selbstbewusst aufzutreten und anderen einen Wunsch abzuschlagen. Das ist wichtig, denn vielleicht findest du dich selbst an der einen oder anderen Stelle wieder. Danach machen wir einen Ausflug in die Wissenschaft und schauen uns an, wie Experten das Thema beleuchten. Erst danach schauen wir uns an, wie du wirklich lernst, mehr Selbstvertrauen in dich und deine Fähigkeiten zu haben. Weil du dein neu erworbenes Wissen aber auch in die Praxis überführen musst, machen wir danach noch etwas weiter. In einem eigenen Abschnitt geht es dann darum, wie der Transfer von der Theorie in die Praxis gelingt. Denn genau daran fehlt es bei den meisten Ratgebern! In den meisten Büchern lernst du viel über die graue Theorie, doch niemand erklärt dir, wie du den Schritt in die Praxis schaffst – und dich auch selbst kontrollierst, ob du wirklich mehr Selbstvertrauen aufgebaut hast und konsequent Nein sagen konntest! Mit diesem Manko räumen wir im fünften Kapitel auf. Zum Schluss erfährst du dann noch, was es dir eigentlich bringt, mehr

Selbstvertrauen aufzubauen. Um die Spannung noch ein wenig aufrechtzuerhalten, sei vorab nur so viel verraten – Selbstvertrauen hilft dir dabei, dein ganz persönliches Traumleben zu führen, wobei es keine Rolle spielt, wie individuell deine Träume auch sein mögen! Dieses Buch gibt dir also einen umfassenden Einblick in das Thema »Selbstbewusstsein aufbauen«, denn wir betrachten nicht nur einen einzigen Aspekt, sondern wagen einen 360-Grad-Blick aus Theorie und Praxis.

Folge mir also in eine spannende Welt der Wissenschaft, die sehr stark psychologisch und soziologisch geprägt ist und die dir einen umfassenden Einblick gibt, wie das menschliche Wesen tickt! Lass dich überraschen, mit welchen einfachen und alltagstauglichen Tipps du Tag für Tag mehr Selbstvertrauen aufbaust – und wage schon ganz früh einen Ausflug in dein zukünftiges Traumleben. Nimm dir dann gerne die Zeit zu überlegen, welche Wünsche und Ziele du schon immer erreichen wolltest. Ein erfolgreiches und selbstbestimmtes Leben hat sehr viel damit zu tun, ob du erreichst, was du dir immer schon gewünscht hast. In diesem Buch erfährst du, wie du es angehst, deine Ziele zu erreichen.

Weil du nun aber sicher ungeduldig bist und schnell ans Ziel kommen möchtest, verrate ich dir vorab schon so viel … Auch wenn du sicher das eine oder andere große Ziel vor Augen hast und wenn der eine oder andere Wunsch eine bestimmte Größenordnung ausmacht, wirst du mit den Tipps aus diesem Buch relativ schnell die ersten Erfolge erzielen. Und genau das ist ein Erfolgsgeheimnis! Du gehst deinen Weg zu mehr Selbstvertrauen Schritt für Schritt und kannst die einzelnen Milestones sehr schön kontrollieren und nachvollziehen. Bist du erst einmal dabei, wirst du schnell feststellen, wie viel Freude es macht, immer weiterzumachen – und plötzlich hast du ganz überraschend deine Ziele erreicht. Du beginnst also mit der Umsetzung, du baust in kleinen Schritten Selbstvertrauen auf – und hast deinen Wunsch von deinem ganz persönlichen Traumleben schon nach ein paar Monaten mindestens in einigen Teilen erreicht! Spätestens dann wirst du feststellen, wie viel Freude es macht, wenn du am Ball bleibst und dir nach und nach noch mehr Selbstvertrauen aufbaust und noch erfolgreicher wirst!

Nun will ich dich aber nicht länger auf die Folter spannen! Folge mir bei meinem faszinierenden Ausflug in die menschliche Psyche und nutze dein neues Wissen, um innerhalb von 30 Tagen mehr Selbstvertrauen aufzubauen und endlich zu lernen, wie du ohne schlechtes Gewissen Nein sagst!

2 Warum fällt uns ein Nein so schwer?

Bevor wir uns eingehend mit der Frage beschäftigen, warum wir nicht gerne Nein sagen, begleite mich für ein paar Minuten auf einem Ausflug in den ganz normalen Wahnsinn unseres Alltags …

Versetze dich einmal in folgende Situation: Du willst einen neuen Kunden für dein Unternehmen gewinnen und musst ihm ein passendes Angebot erstellen. Bis heute Abend soll es fertig sein, du willst es noch vor Feierabend verschicken. Zuvor musst du noch die Preise kalkulieren und am besten lässt du dir deinen Vorschlag auch noch von deinem Chef absegnen. Du weißt, dass du eigentlich zu spät mit der Bearbeitung begonnen hast, deshalb heißt es jetzt, Gas zu geben. Doch gerade heute kommt ein Anruf aus dem Kindergarten – dein Jüngster hat sich beim Spielen verletzt und will sofort nach Hause. Dir bleibt also nichts anderes übrig, als das Büro früher zu verlassen und ihn abzuholen. Mit deinem Angebot sieht es schlecht aus, du wirst es heute nicht mehr schaffen … Also fragst du deinen Kollegen, ob er ausnahmsweise aushelfen kann, und hoffst, dass er für dich einspringt. Doch besagter Kollege ist selbstbewusst genug, deine Bitte abzulehnen – mit einem freundlichen »Nein, ich habe heute leider keine Zeit dazu« lässt er dich stehen. Wie fühlst du dich jetzt?

Ganz ähnlich geht es vielleicht dem jungen Mann, der sich endlich traut, ein hübsches Mädchen anzusprechen, das er seit einiger Zeit von der Uni kennt. Man hat sich gelegentlich gesehen, vielleicht auch ein paar Worte miteinander gewechselt. Jetzt möchte er sie gerne auf ein Date einladen und traut sich endlich, sie ins Kino einzuladen. Doch was passiert? Die junge Frau hat an besagtem Abend schon etwas anderes vor und außerdem wenig Interesse an dem vorgeschlagenen Film. Sie lehnt also mit einem netten Lächeln ab und lässt dabei offen, ob es doch eine Chance auf eine weitere Verabredung gibt. Wie mag es dem jungen Mann jetzt gehen?

Sicher kannst du dich recht gut in die beiden geschilderten Situationen hineinversetzen. Vielleicht hast du sogar Respekt vor deinem Kollegen oder vor der Studentin, die beide zwar freundlich, aber eben doch bestimmt ablehnen – sie sagen Nein und offenbar kommt ihnen das gar nicht so schwer über die Lippen. Natürlich kannst du ihnen nicht hinter die Stirn schauen, aber für dich sieht es so aus, als ob es ihnen sehr leichtfällt, einer anderen Person einen Wunsch abzuschlagen. Wie gesagt, du könntest dir durchaus ein Beispiel an den beiden nehmen, wäre da nicht der Gedanke, wie du dich gerade fühlst – denn du hast das Nein als Antwort bekommen und musst nun damit umgehen. Wie also fühlst du dich?

Wahrscheinlich beherrschen dich ganz verschiedene Gefühle. Wenn dir dein Kollege eine Bitte abschlägt, bist du zuerst verärgert. Du bist wütend, vielleicht hast du ihm selbst auch schon geholfen. Du fühlst dich im Stich gelassen. Du bist gestresst, weil du nicht weißt, wie du das Angebot so schnell erstellen sollst. Vielleicht hast du auch ein schlechtes Gewissen, weil du weißt, dass die Angelegenheit längst erledigt sein sollte. Und natürlich weißt du, dass es nicht das erste Mal ist, dass du um Hilfe gebeten hast ... Dich beherrschen also ganz unterschiedliche und auch widersprüchliche Gefühle.

Auch dem jungen Mann wird es nach der Abfuhr sicher nicht besonders gut gehen. Er ist sicher enttäuscht, vielleicht auch verunsichert und ganz bestimmt wütend. Er fragt sich vermutlich, was er hätte besser machen können und ob es an ihm oder an seinem Aussehen liegt, dass er bei seiner Traumfrau abgeblitzt ist. Ist er von Natur aus sowieso schüchtern, wird es ihm vermutlich in Zukunft noch schwerer fallen, ein hübsches Mädchen anzusprechen. Er kämpft also mit verschiedenen Gefühlen, die durchaus widersprüchlich sein mögen. Wahrscheinlich dauert es längere Zeit, bis er sich wieder traut, auf eine Frau zuzugehen und den ersten Schritt zu machen.

Wir lernen also – entweder aus eigener Erfahrung oder durch unseren gesunden Menschenverstand und ein wenig Einfühlungsvermögen –, dass ein Nein eine ganze Menge Emotionen in der Person hervorruft, die dieses Nein zu hören bekommt. Die Palette reicht von Wut über Unverständnis bis hin zu Selbstmitleid und es kann durchaus längere Zeit dauern, bis man eine solche Abfuhr verkraftet hat und den nächsten Versuch startet. Der eine oder andere mag sich sogar sagen, dass er nie wieder etwas mit dieser Person zu tun haben möchte. In diesem Fall sind die Folgen einer Ablehnung also sehr weitreichend.

Genau hier liegt allerdings ein Grund, warum viele Menschen nicht gerne Nein sagen! Sie wissen sehr genau, dass man sich unbeliebt macht, wenn man einen Wunsch ablehnt. Sie wissen, dass sie unangenehme Gefühle auslösen, die im besten Fall gut versteckt werden, die im schlimmsten Fall aber offen nach außen gezeigt werden. Und wer möchte sich schon mit dem Zorn und dem Ärger einer Person auseinandersetzen, der man gerade eine Bitte abgeschlagen hat? Nicht nur für konfliktscheue Zeitgenossen ist es eine fürchterliche Vorstellung, sich einem offenen Konflikt und einem lauten Streit zu stellen, nur weil man gerade eine Bitte abgelehnt hat … Auch recht selbstbewusste Menschen mögen das nicht, weil sie lieber ihre Ruhe haben und keine direkte Auseinandersetzung suchen.

Es lohnt sich durchaus, diesen Gedankengang ein wenig genauer zu verfolgen. Das, was ich dir hier erörtert habe, wird nämlich von vielen Psychologen sehr ähnlich gesehen[1]. Schon der gesunde Menschenverstand sagt uns, dass wir eine andere Person verärgern oder enttäuschen, wenn wir Nein sagen. Schließlich hat sie uns um etwas gebeten, weil sie in Schwierigkeiten war oder einfach Hilfe brauchte. Nun wird unsere subjektive Einschätzung dieser Reaktion aber auch noch von Psychologen untermauert. Die Wissenschaftler fragen sich nämlich ebenfalls, warum es uns so schwerfällt, einen Wunsch abzuschlagen. Die Gründe dafür sind vielfältig, doch noch spannender wird es, wenn man nach den Ursachen forscht. Nach diesen ersten einfachen Beispielen aus der Praxis und aus unserem Alltag gehen wir den Dingen ein wenig auf den Grund. Dazu schauen wir uns an, wie Psychologen die Frage bewerten, warum uns ein Nein so schwerfällt.

2.1 Ein Nein ist niemals regelkonform

Du weißt nun, dass du dich leicht unbeliebt machst, wenn du dich unangepasst oder unangemessen benimmst. Doch allein damit ist es noch nicht getan. Natürlich fällt es vielen Menschen schwer, eine Bitte oder einen Gefallen abzulehnen. Deshalb weiß man aber nicht unbedingt, warum das so ist. Betreibt man ein wenig Ursachenforschung, ist der Grund dafür schnell gefunden: Er liegt in der Regel in unserer Kindheit und in unserer Erziehung.

Die meisten Menschen bekommen das erste Nein schon als Kleinkind zu hören. Der Dreijährige findet Gefallen an der Fernbedienung des Fernsehers und möchte damit spielen. Die Vierjährige beobachtet ihre Puppe, die gerade in der Waschmaschine gewaschen wird, und möchte unbedingt die Waschmaschinentür öffnen. Auch der Griff auf die heiße Herdplatte ist sehr beliebt, selbst wenn die Eltern immer wieder mit einem Nein reagieren, wenn die kleinen Hände auch nur in die Nähe des Backofens kommen. Sobald Kinder etwas selbständiger werden, gehört ein Nein zum Alltag – für die Kleinen und die Großen natürlich. Die Kleinen wollen sich immer wieder neu ausprobieren und ihre Grenzen testen und kennenlernen. Ganz besonders deutlich wird das in der berühmten Trotzphase, wenn auf ein Nein schnell lautes Geschrei oder ein Tobsuchtsanfall folgt, der in wütendem Aufstampfen mit dem Fuß einen vorläufigen Höhepunkt findet. Es gibt wohl kaum eine Phase, in der die Nerven von Eltern mit Kleinkindern mehr gefordert sind. Schon Kleinkinder lernen also, wie sie sich bei einem Nein zu verhalten haben. Das, was sie gerade ausprobieren und kennenlernen, ist in jedem Fall tabu und nicht in Ordnung. Anders formuliert – ein Nein bedeutet, dass sich das Kind nicht entsprechend den gängigen Regeln verhält. Schon in der frühen Kindheit machen wir also die Erfahrung, dass nicht alles in Ordnung ist, was wir tun. Ein Nein bedeutet mit hoher Sicherheit, dass wir uns anders verhalten sollen – wir sollen uns entsprechend den gängigen Regeln und damit regelkonform benehmen.

Ein Nein wirkt sich aber nicht nur auf die Kinder aus. Auch die Eltern lässt es nicht kalt. Ständig haben sie ihren kleinen Wirbelwind im Auge, der mit seinen Händen und Füßen immer dort ist, wo es gerade am meisten Spaß macht – und wo Gefahr droht. Das ist anstrengend und nicht selten bedauert man es als Vater oder Mutter eben auch, den Drang nach Abenteuern zu unterbinden. Natürlich geschieht das allenfalls zum Schutz von Leib und Leben, denn wer möchte schon, dass sich ein Kind die Finger verbrennt, die Knie aufschlägt oder sich in anderer Form Ungemach zufügt. Auch ein kaputter Fernseher oder ein überschwemmtes Badezimmer ist nicht das, was wir im Alltag mit einem Kleinkind haben möchten. Ein Nein dient also auch dem Schutz der Kleinen, selbst wenn wir es noch so bedauern. Doch an der Reaktion erkennen wir natürlich auch, wie sich ein Nein auf ein kleines Kind auswirkt. Tränen der Wut und Enttäuschung, lautes Geschrei oder die Flucht in die Schmollecke zum geliebten Kuscheltier sind nur ein Auszug aus dem Repertoire der Kleinen, die bei ihren Reaktionen durchaus Phantasie an den Tag legen.

Damit lernen sowohl Kinder als auch Erwachsene schon sehr früh in der Kindererziehung, was ein Nein bedeutet und was es nach sich zieht: Es heißt, man verhält sich nicht regelkonform und es verursacht eine unangenehme Reaktion. Damit ist die Basis, warum wir nicht gerne Nein sagen, schon im Kindesalter gelegt, denn das Kleinkind weiß genau, dass es gerade etwas tut, was es nicht soll – und die Eltern fühlen sich schlecht, weil sie etwas verbieten.

2.2 Ein Nein hat negative Konsequenzen

Warum es uns so schwerfällt, Nein zu sagen, hat auch damit zu tun, dass wir die Folgen fürchten. Eltern hassen sich dafür, ihrem Kind immer wieder einen Wunsch abzuschlagen, selbst wenn sie es vor irgendetwas schützen wollen. Als Mitarbeiter willst du einem Kollegen eine Bitte nicht ablehnen, weil er vielleicht gerade in Schwierigkeiten ist und dringende familiäre Dinge klären muss. Wir wissen natürlich, dass wir mit einem Nein in unserem Gegenüber schlechte Gefühle auslösen und genau davor fürchten wir uns. Im Berufsalltag wird das besonders deutlich, doch auch im privaten Umfeld sind wir uns der Folgen häufig sehr bewusst[2].

Sicher kennst du zum Beispiel die Situation, dass dich ein netter Kollege bittet, eine wichtige Ausarbeitung für ihn zu erstellen. Vielleicht ist eine Auswertung nötig, vielleicht braucht er Unterlagen von dir, vielleicht musst du etwas zu seiner Präsentation zuliefern. Ganz unabhängig davon, ob er dich rechtzeitig um den Gefallen bittet oder überfallartig am frühen Morgen in der Tür steht, bevor du den ersten Schluck von deinem wohlverdienten Morgenkaffee genossen hast, bist du selbst gezwungen, deinen Arbeitsalltag zu unterbrechen und neu zu planen. Vermutlich hattest du selbst schon genau überlegt, was du heute im Büro machen wolltest und was auf der Agenda steht. Nun kommt also der Kollege in dein Büro und bringt deine ordentliche Planung durcheinander. Da ist es absolut verständlich, dass du erst einmal zögerst, vielleicht sogar ein wenig wütend bist, weil man dich so überrascht.

Noch viel schlimmer wird es, wenn die Anfrage ausgerechnet von deinem Chef kommt. Er will, dass du ihm für einen neuen Kunden ein Angebot erstellst oder eine Präsentation ausarbeitest. Vielleicht sollst du sogar einen längeren Termin leiten und ihn dabei vertreten. Der frühe Feierabend mit deiner Familie gerät spätestens in Gefahr, wenn er heute unbedingt noch etwas von dir benötigt, was dich mehrere Stunden Arbeit kostet. Doch was ist in solchen Fällen zu tun, die sich Tag für Tag in den Büros und an vielen anderen Arbeitsplätzen in Deutschland abspielen?

Natürlich denkst du dir, dass ein Nein keine Option ist. Du willst deine Kollegen nicht verärgern, denn du musst ja noch eine Weile mit ihnen zusammenarbeiten. Noch viel schlimmer ist es allerdings, den Chef zu verärgern, das möchtest du schon gar nicht. Spätestens hier macht sich die tiefe Angst in uns bemerkbar, die uns sagt, wir sollten uns regelkonform verhalten, weil sonst eine Strafe droht. Was wir in der Kindheit gelernt haben, prägt also unser Verhalten als Erwachsener.

Und tatsächlich ist diese Furcht vor den Konsequenzen nicht ganz abwegig. Schließlich hast du ein gewisses Eigeninteresse daran, mit deinen Kollegen gut zusammenzuarbeiten und dich mit deinem Chef zu verstehen. Krisenstimmung im Büro braucht wirklich niemand, und wenn sich zwei Mitarbeiter nicht verstehen, bleibt das auch dem Vorgesetzten meist nicht lange verborgen. Diese Blöße möchtest du dir natürlich nicht geben. Bittet dich nun ein Chef um etwas und du lehnst seinen Wunsch ab, wirst du diese Konsequenzen umso mehr fürchten. Immerhin besteht ein gewisses Verhältnis der Abhängigkeit, denn du brauchst deinen Arbeitsplatz und bist vielleicht auch daran interessiert, den nächsten Schritt auf der Karriereleiter zu erklimmen.

Gerade im Berufsleben wirst du dir also sehr genau überlegen, ob du jemandem eine Bitte ausschlägst und welche Gründe du dafür aufzählst – und auch, um welche Person es sich handelt. Vermutlich bleibt immer ein schlechtes Gefühl, wenn du irgendetwas ablehnst, selbst wenn dir der Betroffene zu verstehen gibt, dass das überhaupt kein Problem ist und dass man eine andere Lösung findet. Übrigens kennen die meisten Vorgesetzten diesen kleinen menschlichen Schwachpunkt, den wir haben, wenn es darum geht, Nein zu sagen. Vor allem junge und ambitionierte Mitarbeiter sind leider gerne die Opfer, die man immer wieder bevorzugt um einen Gefallen bittet, weil man genau weiß, dass sie sich ein Nein nicht zutrauen – aus Angst vor negativen Konsequenzen für die Karriere natürlich. Es schadet nicht, das im Hinterkopf zu behalten, wenn du als junger Angestellter wieder einmal Überstunden machen musst, weil deine Kollegen etwas auf dich abwälzen.

Es ist also häufig die Angst vor den negativen Folgen, die uns dazu verführt, einer Bitte nachzugeben, obwohl wir sie eigentlich ablehnen sollten. Obwohl diese Sorge sicher häufig nicht ganz abwegig ist, solltest du sie trotzdem nicht übertreiben und dich völlig verrückt machen.

2.3 Ein Nein enttäuscht dein Gegenüber

Ein ganz wichtiger Aspekt, den wir nicht aus den Augen lassen sollten, liegt in der Reaktion deines Gegenübers. Du weißt schon, dass du mit negativen Auswirkungen rechnen musst, wenn du einen Wunsch abschlägst. Aber wie gehst du mit den offensichtlichen Emotionen deines Gesprächspartners um? Du bist dir ziemlich sicher, dass er enttäuscht und wütend ist und dass er vor allem enttäuscht ist von dir als Person und als Mensch! Schließlich hat er dich gefragt, weil er sich von dir Hilfe erwartet hat – ganz unabhängig davon, ob er das schon mehrfach getan hat oder ob es sich um den ersten Versuch handelt. Mit deiner Ablehnung verhältst du dich also anders, als dein Gegenüber es erwartet hat. Mit seiner Enttäuschung musst du umgehen, du musst sie aushalten. Das ist leichter gesagt als getan, ganz besonders bei Personen, die du eigentlich magst und die dir vielleicht sogar recht nahestehen[3].

Du weißt nun schon, dass dein Gesprächspartner sicher nicht begeistert ist, wenn du seine Bitte ablehnst. Das ist schon schlimm genug, aber richtig übel wird es häufig, wenn er seine Emotionen dann sehr deutlich zeigt. Wenn er dann auch noch psychischen Druck mit einem Satz aufbaut wie »Ich hätte ja nie von dir gedacht, dass du mich im Stich lässt« oder »Ich hätte wissen müssen, dass ich mich auf dich nicht verlassen kann« argumentiert er zwar eindeutig auf der emotionalen Schiene. Das ist nicht fair, ist aber sicher verständlich. Damit übt diese Person einen enormen Druck auf dich aus, seiner Bitte doch noch zu entsprechen. Wenn du also einen Wunsch ablehnst, ist dein Gesprächspartner zuerst enttäuscht von dir und versucht danach, dich umzustimmen. Dabei kann es gut sein, dass er unfaire Mittel anwendet und versucht, dich in deiner Entscheidung doch noch umzustimmen. Du musst also damit rechnen, dass hier jemand ziemlich fiese Tricks anwendet und sozusagen zu unlauteren Mitteln greift, um dich dazu zu bringen, dass du deine Meinung änderst. Vermutlich wird er an der psychologisch sehr wirksamen Stellschraube des Mitleids ansetzen, vielleicht macht er seine Enttäuschung auch auf eine andere Art und Weise sehr deutlich.

Je nachdem, wie schwer dir deine Ablehnung sowieso schon gefallen ist, wird es dir dann noch schwerer fallen, bei deiner klaren Linie mit einem Nein zu bleiben. Vielleicht fürchtest du dich im Geheimen davor, dass du diesen Druck aushalten musst und das nicht kannst. Wie allerdings würde es wohl aussehen, wenn du erst Nein sagst und dich dann ein paar Minuten später doch noch anders entscheidest, nur weil dein Gesprächspartner versucht, dich zu überreden?

Wenn du also weißt, dass du vielleicht nicht konsequent bleibst und dich doch noch überreden lässt, verursacht dir ein Nein vermutlich eine ganze Menge Kopfschmerzen. Wahrscheinlich versuchst du, gar nicht erst in die unangenehme Situation zu kommen, in der du Nein sagen musst. Das funktioniert aber nicht immer. Schon der Gedanke, dass du die Erwartung von einer anderen Person enttäuschen musst, sorgt also dafür, dass es dir schlecht geht. Du kannst mit der enttäuschten Erwartung nicht souverän und selbstbewusst umgehen und gerade deshalb fällt es dir so schwer, Nein zu sagen.

Eine enttäuschte Erwartungshaltung ist tatsächlich ein enorm scharfes Schwert, mit dessen Klinge du dich auseinandersetzen musst und vor der du dich schützen musst. Gelingt dir das nicht, ist es für dein Gegenüber sehr leicht, dich doch noch zu überreden. Du musst lernen, die Enttäuschung oder auch die Ablehnung auszuhalten und konsequent zu bleiben, selbst wenn dir das schwerfällt. Bist du dir erst einmal im Klaren darüber, dass die andere Person von dir enttäuscht ist, weil du eine Erwartung nicht erfüllst, und dass sie versucht, dich trotzdem noch dazu zu bewegen, ihrer Bitte nachzukommen, fällt es dir wahrscheinlich viel leichter, bei einem Nein zu bleiben und eine Frage nach einem Gefallen freundlich, aber bestimmt abzulehnen.

2.4 Ein Nein schließt dich aus der Gesellschaft aus

In diesem vierten Kapitel stelle ich dir einen ganz besonders fiesen Grund vor, warum wir uns davor scheuen, Nein zu sagen. Geht es zum Beispiel um den Besuch bei den Verwandten oder um einen gemeinsamen After-Work-Drink mit den Kollegen, könntest du ganz souverän Nein sagen und deine Teilnahme ablehnen. Vielleicht hast du keine Zeit, vielleicht hast du etwas anderes vor, vielleicht möchtest du einfach deine Ruhe haben und weder Verwandte noch Kollegen sehen. Damit schließt du dich aber automatisch aus der lustigen Runde aus, die sich dort trifft. Und ganz sicher nagt es doch ein kleines bisschen an dir, dass sich deine Kollegen gerade treffen und viel Spaß haben, während du selbst nicht dabei bist. Anders formuliert – du traust dich nicht, Nein zu sagen, weil du Angst hast, etwas zu verpassen! Das ist schon ein besonders gemeiner Grund, warum du nicht Nein sagen kannst. Schließlich liegt es allein an dir, ob du ablehnst oder nicht – und trotzdem spürst du ganz sicher den kleinen, aber feinen Stich, wenn sich die ganze Familie oder deine Kollegen treffen und Spaß haben und nur du nicht dabei bist.

Warum das so ist, hat aus psychologischer Sicht einen ganz einfachen Grund: Der Mensch ist ein soziales Wesen, er will zur Masse dazugehören und sich nicht ausgegrenzt fühlen! Doch genau das passiert, wenn du eine Verabredung mit deiner Familie oder mit deinen Kollegen absagst. Natürlich hast du am Wochenende etwas Besseres vor, wenn sich die ganze Familie zum Feiern trifft. Und nach Feierabend musst du deine Kollegen auch nicht unbedingt sehen, du hast sie ja den ganzen Tag um dich herum. Trotzdem wird sich ein Gefühl in dir bemerkbar machen, dass du dich aus der Gruppe ausgeschlossen fühlst. Du gehörst nicht dazu, man amüsiert sich ohne dich und wahrscheinlich hat man nicht einmal den Eindruck, dass du fehlst – das jedenfalls ist deine geheime Befürchtung.

Diese Befürchtung kannst du völlig problemlos noch etwas weiter verfolgen. Vielleicht bist du ja gar nicht so beliebt, wie du dachtest? Vielleicht nervst du deine Kollegen mit deiner witzigen Art, vielleicht redest du zu viel? Vielleicht hast du sogar den Ruf, eine Klatschtante zu sein, die ihre Arbeit nicht erledigt? Und schon bist du mitten in einer Spirale von Gedanken, die nur an einen Punkt führen – dich verrückt zu machen. Anders formuliert – du hast dich völlig freiwillig entschieden, nicht zu einem Treffen mit deinen Kollegen zu gehen und versinkst nun in einer Flut von Gedanken, dass man dich nicht mag und dass du eben nicht dazugehörst.

Genau deshalb sagst du bei der einen oder anderen Veranstaltung wahrscheinlich zu, obwohl du eigentlich gerne ablehnen möchtest. Der Mensch ist ein soziales Wesen, das heißt, wir brauchen Kontakte zu anderen Menschen, um zu überleben. Wissenschaftliche Studien belegen immer wieder, dass kleine Kinder ohne den frühen sozialen Kontakt zu Eltern und anderen Bezugspersonen eine andere Entwicklung nehmen als Kinder, die von Anfang an eine Bindung zur Mutter oder zum Vater aufbauen. Was für Babys und Kleinkinder gilt, greift auch bei Erwachsenen. Wir brauchen andere Menschen um uns herum, um uns wohlzufühlen. Natürlich ist der eine geselliger als der andere. Manche Menschen gehen jedes Wochenende zum Feiern auf eine andere Party, andere Menschen brauchen das nicht und sind froh, wenn nur einmal im Monat ein größeres Ereignis ansteht. Hier sind die Präferenzen durchaus unterschiedlich, doch das ändert nichts daran, dass wir Kontakte um uns herum brauchen, um glücklich zu sein.

Andere Menschen helfen uns dabei, uns zu entwickeln. In privater Hinsicht mögen politische, sportliche oder kulturelle Diskussionen dazu führen, dass wir unseren Horizont erweitern. In beruflicher Hinsicht heißt das, dass wir unser Fachwissen ausbauen und immer mehr lernen. In gewisser Hinsicht hält man uns also den Spiegel vor. Fehlt dieser Spiegel durch andere, bleiben wir in unserer Entwicklung stehen. Wir konzentrieren uns auf uns selbst und sehen nur noch uns selbst. Damit geht das Bewusstsein verloren, dass wir nicht allein auf der Welt sind, sondern eingebettet sind in ein Gefüge von Kontakten und Beziehungen.

Mit einem freiwilligen Verzicht auf eine Veranstaltung geht das alles verloren, und unbewusst spüren wir das. Deshalb fällt es uns häufig sehr schwer, eine Einladung abzulehnen, obwohl wir von Zeit zu Zeit mit gutem Gewissen auch einmal für uns allein bleiben können. Im besten Fall findest du also eine Balance zwischen gelegentlichen Absagen und regelmäßigen Teilnahmen an solchen familiären und beruflichen Interessen. Allerdings solltest du dir darüber im Klaren sein, dass dir ein Nein vor allem deshalb schwerfällt, weil du eben eigentlich Angst hast, etwas zu verpassen – und das könnte bei einem netten Fest oder einem interessanten After-Work-Drink durchaus der Fall sein.

2.5 Ein Nein kennzeichnet Egoisten

Auch der folgende Grund, warum wir nicht gerne Nein sagen, ist interessant und sollte eingehend betrachtet werden. Ein Neinsager ist ein Mensch, der nur an sich selbst denkt – ein Egoist also. Da nun aber niemand ein Egoist sein will, vermeidet man ein Nein, selbst wenn es angebracht wäre [5].

Man könnte auch sagen, es handelt sich hier um ein Vorurteil, das vor allem von Menschen unterstützt wird, die durch das Nein eine Ablehnung ihrer Wünsche erfahren. Doch warum bezeichnet man den Neinsager eigentlich als Egoisten? Und ist an diesem Vorurteil wirklich ein Körnchen Wahrheit?

Wer gerade eine Ablehnung erfahren hat, wer auf eine Bitte um einen Gefallen ein Nein gehört hat, wird sich in der Regel über die Person ärgern, die man um den Gefallen gebeten hat. Das ist normal und völlig natürlich. In dieser Situation ist wohl kaum jemand in der Lage, neutral und objektiv zu hinterfragen, warum die Person die Bitte gerade abgelehnt hat. Man ist verärgert, und der Zorn muss sich Raum verschaffen. Es liegt also sehr nahe, diese Person abzuwerten und irgendwie schlechtzumachen. Am einfachsten geschieht das, indem man diese Person als Egoisten bezeichnet und ihr nachsagt, dass sie lediglich ihre eigenen Interessen verfolgt. Natürlich könnte dieser Egoismus der Grund sein, warum man eine Bitte ablehnen muss. Doch vielleicht gibt es auch ganz objektiv nachvollziehbare Ursachen. Vielleicht hat man wirklich keine Zeit, bei einem Umzug zu helfen, weil ein wichtiges Fest in der Familie ansteht. Vielleicht ist man beruflich unterwegs und deshalb nicht zu Hause. Vielleicht ist eines der Kinder erkrankt, so dass du zu Hause nicht abkömmlich bist. Allerdings wird die Person, die gerade eine Ablehnung erfahren hat, wenig Verständnis für deine berechtigten Gründe aufbringen. Sie ist schlicht verärgert und dieser Ärger muss sich Raum verschaffen. Außerdem muss sie sich nach einem anderen Helfer umsehen, denn sie ist vermutlich davon ausgegangen, dass du helfen kannst. Wenn das nun nicht der Fall ist, muss sie nach einer Alternative suchen. Das ist ärgerlich und zeitaufwändig. Da du aber scheinbar der Schuldige bist, der eine Bitte abgeschlagen hat, bekommst du den ganzen Zorn zu spüren – und bekommst das Attribut »Egoist« sozusagen auf die Stirn geheftet. Unnötig zu erwähnen, dass diese Person immer und überall erzählen wird, dass du niemals einen Gefallen tust und andere Menschen unterstützt. Du darfst dir also sicher sein, dass du dir mit einem Nein einen sehr eindeutigen Ruf erarbeitet hast, ohne dich sehr dafür anzustrengen.

Diese Ablehnung ist aber keinesfalls der einzige Grund, warum du plötzlich ein Egoist sein sollst. Vielleicht ist die Person sogar ein bisschen neidisch auf dich, weil du ganz souverän eine Bitte abgelehnt hast und weil sie selbst gerne so souverän reagieren möchte. Möglicherweise hast du ihr den berühmten Spiegel vorgehalten und ihr gezeigt, wie sie es selbst in Zukunft besser machen kann. Genau damit ziehst du wiederum Ärger auf dich, denn du hast sehr selbstbewusst eine Bitte abgelehnt und damit etwas getan, was die andere Person gerne können möchte. Ihr Neid ist dir also sicher, und gerade das sorgt für zusätzlichen Ärger. Wer neidisch auf dich ist, wird kein gutes Haar an dir lassen und dich bei jeder Gelegenheit schlechtmachen.

Doch das alles ändert nichts daran, dass du als Neinsager schnell als Egoist abgestempelt wirst. Das wiederum mag niemand, denn jeder Mensch möchte geliebt werden und beliebt sein. Du tust also alles dafür, dass du gut bei deinen Mitmenschen ankommst, und vermeidest es, irgendjemanden zu verärgern oder auf die Füße zu treten. Genau hier liegt dein Grund, warum du es vermeidest, Nein zu sagen und eine Bitte abzulehnen. Du willst schließlich beliebt sein und niemanden verärgern. Schon gar nicht möchtest du den Ruf haben, ein Egoist zu sein, der nur an sich selbst interessiert ist. Um das zu vermeiden, sagst du also lieber einmal

Ja, wenn du eigentlich Nein meinst. In gewisser Hinsicht bist du also selbst daran schuld, wenn du eine Bitte nicht ablehnst. Dennoch hilft das nicht weiter, denn du möchtest einfach geliebt oder mindestens geachtet werden und nicht als Egoist bezeichnet werden. Das ist übrigens völlig normal und sehr menschlich.

Ob es wissenschaftlich haltbare Belege dafür gibt, dass ein Neinsager ein Egoist ist, steht übrigens auf einem ganz anderen Blatt. In wissenschaftlicher Hinsicht muss dieser Zusammenhang nämlich keinesfalls gegeben sein. Ein Mensch, der souverän Nein sagt, muss auf keinen Fall immer nur an sich selbst und an seine Interessen denken. Vielleicht setzt er nur seine Prioritäten anders und verbringt seine Zeit am Wochenende lieber mit seinen Kindern, die er die ganze Woche nicht sieht, als bei einem entfernten Freund beim Umzug zu helfen. Der Vorwurf, sich egoistisch zu verhalten, wenn man eine Bitte ablehnt, mag also nachvollziehbar sein, doch für dich heißt das keinesfalls, dass du bei objektiver Betrachtung tatsächlich egoistisch bist. Du entscheidest dich nur anders, als der Fragesteller gerade wünscht und deshalb betrachtet er dich als Egoisten. Damit musst du vermutlich klarkommen, wenn du souverän einen Wunsch abschlägst.

2.6 Ein Nein löst ein schlechtes Gewissen aus

Ein gutes Gewissen ist ein perfektes Ruhekissen – so weiß es jedenfalls der Volksmund. Wenn du abends mit dem guten Gefühl schlafen gehst, dass dein Tag erfolgreich war, dass du niemanden verärgert oder enttäuscht hast und dass du alle Erwartungen erfüllt hast, lässt dich das ruhig und entspannt ein- und durchschlafen. Ganz anders verhält es sich hingegen, wenn du jemanden verletzt hast – was durch ein Nein leicht passieren kann. Vielleicht quält dich das schlechte Gewissen so sehr, dass du ein paar Tage lang schlecht schläfst und sogar nachts aufwachst. Doch warum ist das so?

Ruhig und souverän Nein sagen zu können und sich dabei nicht einmal schlecht zu fühlen – das wünschen sich viele Menschen. Die Realität sieht häufig ganz anders aus. Haben wir uns endlich entschlossen, nach längerem Überlegen oder auch ganz spontan eine Bitte abzulehnen, sind wir zwar um eine Verpflichtung ärmer. Gleichzeitig fühlen wir uns aber auch schlecht. Das sprichwörtliche schlechte Gewissen nagt an dir, weil du sehr genau weißt, dass du jemanden enttäuscht hast. Es ist ein ganz normaler und fast logischer Prozess, dass du dich schlecht fühlst, wenn du etwas ablehnen musstest. Schließlich weißt du, dass sich jemand auf deine Hilfe verlassen hat und dass er sie vielleicht sogar sehr dringend braucht. Du weißt, dass du jemanden in Schwierigkeiten bringst, wenn du ablehnst. Trotzdem verfolgst du deine eigenen Interessen und sagst Nein. Der andere muss dann eben sehen, wo er Hilfe bekommt. Auch wenn du sehr gute Gründe dafür hast und durch äußere Umstände dazu gezwungen bist, Nein zu sagen, wirst du dich vermutlich schlecht fühlen. Du hast ein schlechtes Gewissen, auch wenn dir dein Kopf sagt, dass das eigentlich gar nicht nötig ist. Das Gefühl kommt dir definitiv in die Quere und sagt dir, dass du einen Fehler gemacht hast.

Wenn du schon einmal ein schlechtes Gewissen gehabt hast, weil du einen Fehler gemacht hast oder einen Gefallen abgelehnt hast, weißt du, wie sehr es dich quälen kann. Es kann dich tagelang verfolgen, so dass du eigentlich an nichts anderes denken kannst. Es beschäftigt dich und du überlegst ständig, wie du noch Schadensbegrenzung betreiben kannst oder wenigstens dafür sorgst, dass dein Gesprächspartner nicht zu sehr unter deiner Ablehnung leidet. Dein schlechtes Gewissen kann so weit führen, dass du für ein paar Tage gänzlich schlechter Laune bist und dass du für deine Umwelt kaum noch zu ertragen bist.

Mindestens ebenso schlimm ist es, wenn dich dein Gewissen nicht mehr schlafen lässt. Das wiederum kann leicht passieren, denn an dem Sprichwort, dass ein gutes Gewissen ein perfektes Ruhekissen ist, ist nun einmal viel Wahrheit. Beschäftigst du dich in Gedanken nämlich ständig damit, dass du dich gerade nicht so kooperativ verhalten hast, wie es andere – und du selbst! – von dir erwarten, kann dich das Gedankenkarussell eine Weile verfolgen. Du beginnst zu grübeln und fragst dich, ob es nicht doch eine andere Lösung geben könnte, die etwas kooperativer ist. Mit dieser Grübelei verdirbst du dir selbst den Tag, ohne an der Situation irgendetwas zu ändern.

Bist du selbst etwas sensibel oder handelt es sich vielleicht um einen guten Freund oder die beste Freundin, wirst du im schlimmsten Fall eine Weile schlecht schlafen. Das sprichwörtliche gute Gewissen ist dann für einige Zeit dahin, und es kann sein, dass du dich in der Nacht oder vor dem Einschlafen mit pausenlosen Gedanken quälst. Die Gefahr ist umso größer, wenn du am Tag nicht dazukommst und erst am Abend wieder an das Thema denkst. Gerade wer von sich weiß, dass er von Natur aus leicht zum Grübeln neigt, ist hier leider etwas vorbelastet und muss aufpassen, dass man es nicht übertreibt. Schlaflose Nächte führen nämlich zu nichts, sie bringen Kopfschmerzen und sorgen dafür, dass du dich schlecht fühlst.

Wenn du das schlechte Gewissen also vermeiden möchtest, wirst du eine Bitte nicht ablehnen. Du wirst Ja sagen, obwohl du eigentlich Nein meinst. Für die Person, die dich um einen Gefallen bittet, mag das in Ordnung sein. Sie weiß ja vermutlich nicht, dass du eigentlich nicht helfen möchtest. Ganz anders sieht es mit dir selbst aus. Du bist vermutlich hin- und hergerissen zwischen dem Gedanken, helfen zu wollen und eigentlich keine Zeit oder Lust zu haben. Auch diese Zerrissenheit kann dazu führen, dass sich eine Spirale in deinem Kopf in Gang setzt, die dich eine Weile beschäftigt. Wahrscheinlich ärgerst du dich auf der einen Seite über dich selbst, weil du nicht souverän abgelehnt hast, und überlegst dir andererseits, wie du dich doch noch um die Sache drücken kannst. Am Ende machst du dir so oder so deine Gedanken – ob du nun ablehnst und ein schlechtes Gewissen hast oder ob du zusagst und dich über dich selbst ärgerst.

Umgehen kannst du das schlechte Gewissen vermutlich eher nicht. Allenfalls wenn du einen sehr guten und plausiblen Grund für eine Ablehnung hast, wirst du dir selbst zugestehen, dass dein Nein in Ordnung war. Wenn du einfach nur keine Lust hast, sieht das wahrscheinlich anders aus: In diesem Fall musst du wohl mit dem schlechten Gewissen leben. Es ist so etwas wie der heimliche Begleiter des Neinsagens, deshalb solltest du wenigstens im Hinterkopf haben, dass es dich ein wenig quält. Ob du deshalb unbedingt mehrere Nächte lang nicht schlafen kannst, ist natürlich eine andere Frage. Aber das Nein hat immer mehr oder weniger ein schlechtes Gewissen im Gepäck. Weil wir das vermeiden wollen, sagen wir viel zu häufig Ja, obwohl wir eigentlich Nein sagen wollen.

2.7   Ein Nein kommt zu dir zurück

Angenommen, deine beste Freundin bittet dich um einen Gefallen – und du lehnst ab. Einige Zeit später brauchst du ihre Hilfe und fragst, ob sie für dich Zeit hat. Was glaubst du, was dann geschieht? Du musst leider damit rechnen, dass sie sich daran erinnert, dass du kürzlich keine Zeit für sie hattest – und dir deshalb deine Bitte ebenfalls ablehnt. Du musst also davon ausgehen, dass ein Nein zu dir zurückkommt, wenn du selbst Hilfe brauchst. Dieses Wissen macht es nicht leichter, einen Gefallen abzulehnen. Ganz im Gegenteil, es macht es uns sehr schwer, ruhig und souverän Nein zu sagen, weil wir mindestens befürchten, dass man uns bei nächster Gelegenheit genauso im Regen stehen lässt.

Vielleicht ist es dir auch schon einmal passiert: Du bittest jemanden um einen Gefallen, doch die Person lehnt ab. Du ärgerst dich, suchst nach einer anderen Lösung, vergisst die Angelegenheit – und ein paar Wochen später steht eben diese Person vor dir und erwartet von dir, dass du ihr hilfst. Was tust du in diesem Fall? Natürlich kannst du großzügig sein und Unterstützung anbieten. Das ist absolut in Ordnung und spricht für dich. Möglicherweise bist du aber auch immer noch verärgert und zahlst es dieser Person mit gleicher Münze heim. Du sagst ab, weil du leider keine Zeit hast oder weil du etwas anderes zu tun hast. In dieser Situation siehst du sehr gut, dass ein Nein gerne wieder zurückkommt. Du selbst hast zuerst eine Ablehnung kassiert, die du ein paar Wochen später wiederholst. Natürlich muss das nicht so sein, aber die Gefahr ist eben groß, dass genau das passiert.

Auch dir kann das passieren, wenn du von jemandem um Hilfe gebeten wirst, ablehnst – und später selbst Unterstützung brauchst. Fragst du diese Person dann, ist die Gefahr groß, dass du ein Nein zu hören bekommst. Es ist nun einmal so, dass der Mensch in gewisser Hinsicht rachsüchtig ist. Wir vergessen nicht, wenn man uns verärgert hat. Entsprechend musst du damit rechnen, dass man dir etwas abschlägt, wenn du zuerst Nein gesagt hast.

Der Mensch ist von Natur aus auch nicht altruistisch veranlagt. Das heißt, wir sind eigennützig, wir tun etwas, weil wir uns etwas davon versprechen. Es ist deshalb nicht zu erwarten, dass ein Bekannter großzügig über deine Ablehnung hinwegsieht und dich begeistert unterstützt, wenn du selbst Hilfe brauchst. Leider entspricht ein altruistisches und selbstloses Handeln vielleicht unseren Träumen, nicht aber der Realität.

Das musst du beachten, wenn du jemandem einen Wunsch ablehnst. Weil wir diese Reaktionskette kennen und vorwegnehmen, fürchten wir uns davor, etwas abzulehnen. Wir haben Angst, dass eine Ablehnung zu uns zurückkommt und uns hart trifft. Diese Furcht macht es uns sehr schwer, eine Bitte abzulehnen.

Das gilt übrigens umso mehr, wenn wir keinen triftigen Grund für unser Nein haben. Sofern wir tatsächlich keine Zeit haben, weil wir Kinder zu betreuen haben, weil wir nach den kranken Eltern schauen müssen, weil wir arbeiten müssen oder einen anderen sehr guten Grund haben, fällt es uns nicht so schwer, Nein zu sagen. Schließlich kannst du deine Ablehnung dann gut begründen und dabei auch noch ein recht ruhiges Gewissen haben. Anders sieht es aus, wenn du einfach keine Lust hast. In diesem Fall hast du wahrscheinlich noch mehr Angst, Nein zu sagen, weil du ahnst, dass man dich durchschaut. Das wiederum heißt auch, dass du selbst mit einer Ablehnung rechnen musst, wenn du um einen Gefallen bittest. Das Nein der anderen Person wird dich umso heftiger treffen, wenn du selbst für deine Ablehnung keinen aussage-kräftigen Grund hast. Es gibt Menschen, die sich so sehr vor der berühmten Retourkutsche fürchten, dass sie lieber Ja sagen, obwohl sie eigentlich Nein meinen. Diese Furcht ist ein häufiger Grund, warum wir uns nicht trauen, souverän Nein zu sagen und lieber die Zähne zusammenbeißen, um doch noch Unterstützung zu leisten.

2.8 Ein Nein macht dir Feinde

Wenn du einer Freundin einen Gefallen ablehnst, darfst du sicher sein, dass sie das ihren Freunden und Bekannten er-zählt. Du hast also die besten Chancen, für eine Weile das Gesprächsthema Nummer eins in ihrem Freundeskreis zu sein – und vielleicht auch in deinem. Wenn du nicht willst, dass man über dich klatscht und tratscht, wirst du dir ein Nein vermutlich verkneifen und an Ort und Stelle sein, wenn man dich braucht. Zwar ärgerst du dich über dich selbst, doch das erscheint dir als das kleinere Übel. Schließlich ist es besser, wenn du auf dich selbst wütend bist, als wenn es deine Freunde und Bekannte sind – oder?

Angenommen, ein Arbeitskollege bittet dich darum, ihm bei einer bestimmten Aufgabe zu helfen. Du hast weder Zeit noch Lust und lehnst dankend ab. Dein Kollege hat nun wahrscheinlich nichts Besseres zu tun, als genau das euren gemeinsamen Kollegen zu erzählen. Du genießt also die Auf-merksamkeit aller Anwesenden im Büro, doch die Frage ist, ob es sich dabei um eine positive Aufmerksamkeit handelt.

Relativ sicher ist, dass das eher nicht der Fall ist. Man wird nämlich in aller Ruhe darüber diskutieren, warum du nicht helfen konntest. Wer dich dann nicht leiden kann, wird behaupten, dass man ja schon immer wusste, dass mit dir keine gute Zusammenarbeit möglich ist. Mit etwas Glück findest du noch den einen oder anderen Fürsprecher, der dich vielleicht verteidigt. Vermutlich bist du aber für ein paar Tage so etwas wie das schwarze Schaf im Büro, das keiner wirklich gut leiden mag. Für viele Menschen ist es sehr schwer, so etwas auszuhalten. Du hast vermutlich einfach nicht das Selbstvertrauen, dich souverän gegen die Masse an Leuten zu stellen und zu sagen, dass du leider gerade nicht helfen kannst. Deinen Kollegen machst du es dann noch einfacher, denn sie haben sprichwörtlich ein leichtes Spiel mit dir und können dich in Ruhe durch den Kakao ziehen.

Unter Freunden kann dir das genauso passieren, wenn du jemandem etwas ablehnen musst. Sowohl in deinem eigenen Bekanntenkreis als auch unter den Freunden des Betroffenen wird man in aller Ruhe über dich herziehen und sich darüber auslassen, wie wenig hilfsbereit du bist und wie wenig man auf dich als Freundin oder Freund zählen kann. Das ist schwer auszuhalten, vor allem, wenn es eigentlich um Menschen geht, die dir wichtig sind. Es ist also durchaus so, dass du dir mit einer Ablehnung an verschiedenen Ecken keine Freunde machst. Das musst du wissen und einplanen, wenn du etwas ablehnst. Wer das nicht kann oder nicht will, wird immer wieder dazu tendieren, Ja zu sagen, obwohl man eigentlich Nein meint.

Viel schlimmer ist es vielleicht sogar, wenn du gar nicht merkst, dass man hinter deinem Rücken schlecht über dich spricht. Meist hat man ja nicht den Mut, sich offen gegen die

Person zu stellen, über die man sich gerade geärgert hat. Das wird also im Hintergrund geschehen, wenn du nicht dabei bist und dich nicht wehren kannst. Entweder lästert man in deiner Abwesenheit über dich oder die Gespräche brechen ab, wenn du in den Raum kommst. Dann kannst du zwar sehr sicher sein, dass du gerade das Thema des Gesprächs bist, aber du weißt eben nicht, um was es geht und kannst dich entsprechend auch nicht positionieren. Diese Art, Menschen hinter ihrem Rücken schlechtzumachen, findest du leider überall und du weißt natürlich, dass du umso mehr damit rechnen musst, wenn du eine Bitte abgelehnt hast.

Ganz unglücklich ist es natürlich, wenn du dir mit deinem Nein die Sympathien bei deinem Chef verscherzt. Angenommen, er will, dass du ihm einen Bericht für heute Abend erstellst und du lehnst ab, weil du mit deinem Kind zum Arzt muss. Jetzt ist guter Rat teuer, denn wenn du keinen Kollegen hast, der für dich einspringen kann, muss dein Chef vermutlich bis morgen früh warten. Ist das der Fall, kannst du fast sicher sein, dass das für Punktabzüge sorgt. Selbst wenn er scheinbar Verständnis dafür äußert, dass du gerade nicht wie gewünscht reagieren kannst, behält er das sicher im Kopf. Bei nächster Gelegenheit nutzt er sein Wissen vielleicht, um dich zu kritisieren, um eine Gehaltserhöhung abzulehnen oder um dir ein schlechtes Zeugnis auszustellen. Wenn es irgendwie geht, solltest du also vermeiden, dir deinen Vorgesetzten zum Feind zu machen. Natürlich ist es sehr wohl möglich, auch in dieser Situation routiniert und souverän eine Bitte abzuschlagen. Trotzdem musst du dir über die Konsequenzen klar sein, denn es kann für dich durchaus zum Nachteil sein, wenn du ihm einen Wunsch ablehnst. Selbst wenn er sich bei dem üblichen Klatsch und Tratsch im Büro sehr zurückhält, kann es für dich böse Folgen haben, wenn du dir deinen Vorgesetzten zum Feind machst. Und damit musst du leider rechnen, wenn du aus irgendeinem Grund Nein sagst.

2.9   Ein Nein führt dir deine Fehler vor Augen

Auch dieser Grund hat genügend Gewicht, um dich von einem Nein abzuhalten: Wenn du jemandem einen Wunsch ablehnst, zeigt dir das automatisch, dass du nicht perfekt bist und leider auch deine Fehler hast. Das ist zwar völlig normal und jeder weiß es. Trotzdem mag es niemand, wenn man ihm den Spiegel vorhält und deutlich macht, wo die persönlichen Fehler und Schwächen liegen. Genau das passiert aber, wenn du eine Bitte abschlägst. Auch deshalb vermeiden viele Menschen gerne, in diese Situation zu kommen, weil sie einen hässlichen Spiegeleffekt hat. Doch warum ist das so?

Viele Menschen neigen von Natur aus zum Perfektionismus. Jede Präsentation muss perfekt sein, und die perfekte Frau von heute bringt Job, Kinder, Partner und Haushalt problemlos unter einen Hut. Dahinter steht oft die Angst, dass man nicht geliebt wird, wenn man nicht perfekt ist. Meistens fehlt es am Selbstvertrauen, weil man sich nicht eingestehen kann, dass man auch mit kleinen Fehlern sehr liebenswert ist. Doch was auch immer die Hintergründe sind: Dieser Perfektionismus ist ein Grund, weshalb wir nicht Nein sagen wollen.

Schließlich hat ein Nein einen guten Grund. Er kann zum Beispiel darin liegen, dass du gerade keine Zeit oder keine Lust hast. Vielleicht bist du müde und möchtest dich ausruhen. Vielleicht hast du auch einfach etwas anderes zu tun und willst deshalb nicht helfen oder für Freunde da sein. Unter Umständen magst du die Person nicht, die dich um

Hilfe bittet, deshalb siehst du nicht ein, warum du für sie da sein sollst. Doch unabhängig von den Gründen hast du dich entschieden, eine Bitte abzulehnen.

Damit fühlst du dich wiederum schlecht, weil dir klar ist, dass du deinem Anspruch auf Perfektionismus gerade überhaupt nicht gerecht wirst. Du hast nicht nur ein schlechtes Gefühl, weil du einem Freund oder Bekannten einen Wunsch abschlägst. Nein, du fühlst dich auch schlecht, weil du eben nicht so fehlerfrei bist, wie du dich selbst am liebsten siehst. Mit dieser Form des fehlenden Perfektionismus wird allerdings niemand gerne konfrontiert. Wir alle sonnen uns lieber in der Gewissheit, dass wir alles richtig machen und allenfalls kleine Fehler machen. Wenn wir nun aber durch eine abgeschlagene Bitte damit konfrontiert sind, dass wir vielleicht nicht alles optimal machen, fühlen wir uns schlecht. Wir sehen daran sehr genau, dass wir fehlerbehaftete Individuen sind, die unserem eigenen Anspruch nicht gerecht werden. Selbst Menschen mit einem ausgeprägten Selbstvertrauen mögen das nicht. Umso schlimmer ist es für diejenigen, die nicht von Natur aus sehr selbstbewusst sind, sondern die gelegentlich mit sich und den eigenen Fehlern ins Gericht gehen.

Natürlich können wir uns jedes Nein irgendwie schönreden, so dass wir doch noch strahlend und leuchtend wirken und bei anderen keinen schlechten Eindruck hinterlassen. Doch vor uns selbst und unserem eigenen Gewissen ist das schwierig. Haben wir also eine Bitte abgelehnt, wird sich die mahnende Stimme in uns zu Wort melden. Sie wird deutlich machen, dass du gerade einen Fehler gemacht hast und deinem eigenen Anspruch nach Perfektionismus nicht gerecht werden konntest. Damit musst du umgehen, und das musst du aushalten, wenn du einem Freund oder einem Bekannten eine Bitte abgelehnt hast.

Wenn dich dein schlechtes Gewissen in dieser Situation sehr quält, ist das übrigens ein recht gutes Zeichen dafür, dass du noch hart an dir arbeiten musst, um irgendwann routiniert Nein zu sagen. Das ist nicht unmöglich, aber wer so heftig mit sich ins Gericht geht, weil man gerade nicht für einen Freund da sein kann, muss vermutlich noch die eine oder andere Lektion lernen, bis man wirklich souverän und selbstbewusst einen Wunsch ablehnt.

2.10 Ein Nein verlangt Selbstvertrauen

Du hast nun einige Gründe erfahren, warum wir nicht gerne Nein sagen. Der letzte Grund führt uns direkt zum Kernthema dieses Buchs: Wer Nein sagen will, muss selbstbewusst sein. Fehlt dir das nötige Selbstvertrauen, wirst du eher bereit sein, einen Wunsch zu erfüllen, selbst wenn es dir schwerfällt oder wenn du keine Lust hast. Wer das nötige Selbstvertrauen hat, muss es nicht erst aufbauen und muss auch nicht dafür trainieren, doch diese Zeitgenossen sind meist eher selten. Du kannst sie als Vorbild auswählen und dich an ihrer Souveränität orientieren, wenn du selbst noch nicht so weit bist. Warum aber hängt ein Nein so sehr mit Selbstbewusstsein zusammen?

Versetze dich einmal in folgende Situation: Du bist dabei, wie ein Freund einen Bekannten fragt, ob er ihm am nächsten Wochenende beim Umzug helfen kann. Dieser Bekannte lehnt sehr höflich, aber bestimmt und souverän ab. Er führt seine Ablehnung nicht weiter aus, doch aus seinem Auftreten wird sofort klar, dass es keinen Widerspruch gibt und dass es auch nichts bringt, ihn noch weiter mit Fragen zu nerven. Er hat einen super selbstbewussten und trotzdem sympathischen Auftritt, so dass sein Nein ohne Kommentar verstanden und akzeptiert wird. Es sieht sogar danach aus, als wäre der Fragende nicht einmal verärgert oder gar wütend, weil er den Grund für die Ablehnung absolut nachvollzieht. Du bist stiller Bewunderer dieser Szene und denkst dir, dass du eine ganze Menge dabei lernen kannst. Schließlich fehlt dir das Selbstvertrauen, um so bestimmt und sicher Nein zu sagen, ohne dabei unhöflich zu wirken oder jemandem auf die Füße zu treten. Auch ein schlechtes Gewissen ist nicht zu spüren, und Angst vor irgendwelchen Konsequenzen hat der Bekannte offenbar auch nicht. Das Thema ist erledigt, doch die Szene bleibt dir noch lange in Erinnerung, denn sie hat dich beeindruckt und auch ein wenig nachdenklich gemacht.

Offenbar hat dieser Bekannte etwas, was du noch nicht hast – ein souveränes Auftreten und ein enormes Selbstvertrauen. Es macht ihm offenbar nichts aus, wenn man sich über ihn ärgert, wenn er die Konsequenzen zu tragen hat, wenn er nicht perfekt ist oder wenn er sich außerhalb der Norm verhält. Damit sind wir bei der wichtigsten Voraussetzung angekommen, die zu einem Nein immer dazugehört: Ohne Selbstvertrauen geht es nicht. Es bringt dich dazu, alle Gründe, weshalb wir nicht gerne Nein sagen, zu vergessen und gar nicht erst an dich heranzulassen. Selbstbewusstsein und Nein sagen sind so etwas wie zwei Seiten einer Medaille, sie gehören untrennbar zusammen.

Die logische Folge ist nun, dass es dir offenbar noch an Selbstvertrauen fehlt, denn du selbst bist eben noch nicht in der Lage, so souverän Nein zu sagen und eine Bitte abzuschlagen.

Hast du dieses Manko für dich erst einmal verstanden, bleibt dir nichts anderes übrig, als die Segel zu streichen – oder an dir zu arbeiten. Das wiederum ist gar nicht so schwer, denn Selbstbewusstsein kann man aufbauen und trainieren.

Du hast für dich also im Prinzip die Wahl: Entweder lässt du die Dinge laufen, wie sie bisher waren, oder du lernst, selbstbewusst Nein zu sagen. Wenn du keine Lust hast, an dir zu arbeiten, weil es so bequem ist, weil du gerade keine Zeit hast, weil du es sowieso niemals lernst oder weil du gerade irgendeine andere Ausrede parat hast, ist das völlig in Ordnung. Dann beschwere dich aber auch nicht zu einem späteren Zeitpunkt, dass man dich ständig ausnutzt und dich immer nur dazu bringen will, etwas für andere zu tun. Bleibe ruhig in der heutigen Phase deiner Entwicklung stehen und verpasse gerne dabei, was du an spannenden Dingen lernen und erfahren kannst und wie du dich selbst entwickeln kannst, wenn du nicht an dir arbeitest und nicht bereit bist, mehr Selbstvertrauen aufzubauen.

Ganz anders sieht es aus, wenn du deine Chance nutzen willst! Bis hierher hast du eine ganze Menge gelernt. Du hast erfahren, warum es vielen Menschen so schwerfällt, Nein zu sagen. Du hast dich sicher in der einen oder anderen Schilderung wiedergefunden und kannst gut nachvollziehen, warum jemand nicht Nein sagen konnte. Vor allem hast du viele Charaktereigenschaften an dir selbst erkannt und hinterfragst dich nun, ob du dir die eine oder andere Eigenart wohl abgewöhnen kannst.

Das ist gut, denn damit machst du einen wichtigen Schritt in die richtige Richtung. Du erkennst, dass bei dir Handlungsbedarf besteht, um mehr Selbstvertrauen aufzubauen und um zukünftig souverän Nein zu sagen. Du ahnst, dass du dich noch entwickeln kannst, und bist bereit, das zu tun. Du freust dich schon darauf und fragst dich, wie du es wohl anstellst, mehr Selbstvertrauen aufzubauen. Und vielleicht überlegst du dir sogar schon, was du mit mehr Selbstbewusstsein machen kannst. Du malst dir in Gedanken vielleicht schon deine neuen Ziele aus und träumst von den neuen Herausforderungen, die dein Leben so spannend machen und die dich wirklich weiterbringen.

Das ist gut, denn damit sind wir unmittelbar beim Thema dieses Buchs angekommen. Sein Ziel ist es, dir zu zeigen, wie du mehr Selbstvertrauen aufbaust, damit du dich in Zukunft traust, Nein zu sagen. Nun ist es aber nicht damit getan, dass wir dir ein paar Tipps an die Hand geben. Wir beleuchten das Thema Selbstvertrauen in der Theorie und in der Praxis. So bekommst du ein paar wesentliche Hintergründe, die dir helfen, die Zusammenhänge besser zu verstehen. Vor allem aber machen wir einen ausführlichen Ausflug in die Praxis.

Anhand von gut nachvollziehbaren Beispielen und Anweisungen lernst du, wie du dein Selbstvertrauen innerhalb von wenigen Tagen aufbaust und dich so wappnest, dass dir die Kritik von anderen Menschen nichts mehr ausmacht. Damit hast du die wichtigste Voraussetzung geschaffen, um in Zukunft souverän und selbstsicher Nein zu sagen. Du musst dich nicht mehr über Dinge ärgern, die dich nicht weiterbringen. Du musst nicht mit dir selbst ins Gericht gehen, weil du glaubst, dass alle anderen ihr Leben besser im Griff haben als du. Du musst einfach nur unsere Liste mit den besten Praxistipps durcharbeiten und dich dann darüber freuen, dass dein Leben langsam, aber sicher eine andere Wendung nimmt als bisher.

Eines ist nämlich ganz sicher – da es eine Frage des Selbstvertrauens ist, ob du souverän Nein sagen kannst, wird es dir nicht so schwerfallen, an dir zu arbeiten und die wichtigsten Dinge zu lernen. Du kannst in der Praxis üben und bist schon nach 30 Tagen viel selbstbewusster. Das heißt, deine Erfolge sind schnell sichtbar und du selbst wirst sie innerhalb von kurzer Zeit sehen und spüren. Ist es erst einmal so weit, wirst du immer weitermachen und immer mehr Selbstvertrauen aufbauen, um bald sehr selbstbestimmt durch dein Leben zu gehen. Damit bist du wiederum viel weiter in deiner Entwicklung als viele andere und bist ihnen einen großen Schritt voraus.

Unser praxisbezogenes Buch ist also so etwas wie deine Schritt-für-Schritt-Anleitung zu mehr Selbstvertrauen und damit zu der Fähigkeit, souverän Nein zu sagen. Mit dieser Anleitung lernst du, dein Leben aktiv zu gestalten und deine Wünsche zu erfüllen. War es heute nur ein kleiner Wunsch, bist du schon bald so selbstbewusst, dass du dir auch größere Wünsche erfüllst, so dass sich dein Leben endlich in die Richtung entwickelt, die du immer wolltest. Der Schlüssel dazu liegt in deiner Hand, du musst ihn nur in das Schloss stecken und in die richtige Richtung drehen!

2.11 Zusammenfassung

In diesem Kapitel hast du eine Menge darüber gelernt, warum es uns so schwerfällt, Nein zu sagen. Du weißt, dass du dich entgegen den Regeln verhältst, wenn du Nein sagst. Schon als Kind hat man dir beigebracht, brav zu sein und zu gehorchen. Ein Nein heißt hingegen immer, dass du nicht das tust, was man von dir erwartet.

Du hast verstanden, dass ein Nein eine Strafe nach sich ziehen kann und dass es immer irgendwie mit einer negativen Konsequenz verbunden ist. Willst du das vermeiden, musst du auch das Nein vermeiden.

Du hast gelernt, dass ein Nein dazu führt, dass du aus der Gruppe ausgeschlossen bist und dass du nicht Teil der Gesellschaft bist. Vor allem ist dir klar, dass man dich als Egoisten bezeichnet, wenn du einen Wunsch ablehnst und Nein sagst. Du weißt nun auch, dass du Erwartungen enttäuschst, so dass andere Menschen böse auf dich sind.

Du hast erfahren, dass ein Nein immer irgendwie zu dir zurückkommt, weil niemand vergisst, wenn du einen Wunsch abgelehnt hast. Du spürst, dass du dir mit einem Nein sogar Feinde machst und verstehst, dass dir ein Nein deine Fehler und Schwächen vor Augen führt. Wer Nein sagt, ist nicht perfekt und das wird dir sehr bewusst.

Fasst du diese Erkenntnisse in einem einzigen Satz zusammen, wird dir eines deutlich: Jedes Nein verlangt Selbstbewusstsein. Wenn du also heute noch nicht in der Lage bist, souverän Nein zu sagen, kannst du das lernen. Allerdings musst du wissen, dass es eben eine Frage des Selbstvertrauens ist. Fehlt dir das, wird es dir noch schwerer fallen, Nein zu sagen.

Damit nähern wir uns dem Kern dieses Buches. Es will dir zeigen, wie du innerhalb von einem Monat dein Selbstbewusstsein aufpolierst. Denn genau hier liegt die Herausforderung. Nein sagen können – oder auch nicht Nein sagen können – hat sehr viel mit Selbstvertrauen zu tun. Es gehört eine enorme Portion Souveränität dazu, einen Wunsch abzulehnen, ohne ein schlechtes Gewissen zu haben oder sich irgendwie schlecht zu fühlen. Das kann man lernen, allerdings ist dazu die Arbeit an dir selbst gefordert.

Nutze deine Chance, die dir dieses Buch gibt, denn es zeigt dir, wie du ein stabiles Selbstbewusstsein innerhalb von wenigen Tagen aufbaust. Natürlich kannst du auch ganz bequem deinen bisherigen Weg gehen und dich mit Ausreden aus der Affäre ziehen, warum du leider nicht mehr Selbstvertrauen aufbauen wirst. Allerdings bietet dir dieses Buch die perfekte Anleitung dazu, sie setzt sich aus einem theoretischen und einen praktischen Teil zusammen und gibt dir viele hilfreiche Tipps und Tricks für die tägliche Praxis. Nimmst du diese einmalige Chance nicht wahr, bist du selbst schuld – das ist die Wahrheit. Mehr Selbstvertrauen ist hingegen nicht nur der Schlüssel zum Glück, wenn du souverän Nein sagen willst. Es hilft dir vor allem dabei, dein Leben nach deinen Wünschen zu gestalten und alles zu tun, was du dir schon immer erträumt hast. In den nächsten Kapiteln erfährst du, wie du dazu vorgehst und was du lernen musst. Schritt für Schritt bauen die Kapitel aufeinander auf, damit du erst das wichtige theoretische Hintergrundwissen erlangst und dann in die Praxis einsteigst. Nutze deine Chance, dir jetzt mehr Selbstbewusstein anzueignen, und freue dich auf ein Leben, das genau deinen Wünschen und Träumen entspricht.

2.12 Was du jetzt sofort tun kannst

Du hast in diesem Kapitel zum Einstieg sehr viel darüber erfahren, warum niemand gerne Nein sagen möchte.

Die eine oder andere Auswirkung wird dich mehr betreffen als eine andere. In einigen Argumenten findest du dich voll und ganz wieder, andere sind für dich kaum nachzuvollziehen. Das ist der richtige Zeitpunkt, um kurz über die folgenden Fragen nachzudenken und um für dich selbst Bilanz zu ziehen.

1. Welche drei Konsequenzen treffen dich besonders hart?
2. Welche Auswirkung bringt dich im Alltag am häufigsten dazu, nicht Nein zu sagen?
3. Wo siehst du die Ursachen für diesen absoluten Schmerzpunkt?

Diese Fragen vermitteln dir eine Vorstellung, wo du am besten ansetzt, um in Zukunft leichter Nein zu sagen. Es wird immer wieder Situationen geben, in denen dir das sehr schwerfällt. Wenn du aber weißt, warum das so ist, wird es für dich viel einfacher, trotzdem konsequent zu bleiben und eine Bitte abzulehnen. Auch wenn du weißt, dass dir dieses Nein sehr viel Selbstbewusstsein abverlangt, wird es leichter für dich sein, wenn du deinen neuralgischen Punkt erkennst und einordnest.

3 Warum wollen wir Nein sagen lernen?

Im letzten Kapitel hast du eine Menge darüber erfahren, warum wir nicht Nein sagen wollen. Du hast die Befürchtungen und Ängste kennengelernt, die häufig ausschlaggebend dafür sind, dass wir Ja sagen – selbst wenn wir Nein meinen. Du weißt nun, dass es sehr unterschiedliche Ängste gibt, wobei sie alle berechtigt sind. Vermutlich ist jeder von uns im Alltag schon einmal mit einer der Folgen in Berührung gekommen und auch du selbst hast es an dir schon erlebt. Du hast sicher schon ein schlechtes Gewissen gehabt, wenn du Nein gesagt hast, du hast gewiss schon die Konsequenzen gefürchtet und du hast dich auch sicher schon über deine Fehler geärgert. Du hast auch verstanden, dass es häufig eine Frage des Selbstbewusstseins ist, dass wir nicht Nein sagen wollen. Mit einem stabilen Selbstvertrauen dürfte das also kein Problem sein – so glauben wir mindestens.

Nachdem wir nun genauer wissen, welche Ängste uns quälen und warum wir nicht Nein sagen möchten, lohnt sich ein Blick auf die Frage, was wir uns eigentlich davon versprechen, Nein zu sagen? Warum wollen wir das unbedingt lernen und was erhoffen wir uns davon? Wie stehen Experten dazu? Ein ausgiebiger Blick in die Psychologie und in die Persönlichkeitsforschung lässt schon einmal erahnen, was es dir bringt, zukünftig häufiger Nein zu sagen – und er lässt dich vielleicht auch vermuten, wo du bisher unbekannte Chancen nicht genutzt hast[6]. Folge mir in diesem Kapitel also in die spannende Welt der Psychologen und gewinne einen ersten Eindruck, wie dein Leben in Zukunft aussehen könnte.

3.1 Nein sagen sorgt für weniger Stress

Wohl jeder hat im hektischen Alltag schon einmal den Gedanken gehabt, dass einem alles zu viel wird und dass man eigentlich nicht mehr kann. Man möchte nicht mehr so weitermachen wie bisher, man möchte sich nicht mehr treiben lassen und man möchte auch nicht mehr für jeden so etwas wie ein Handlanger oder Gehilfe sein. Wahrscheinlich hast du auch schon einmal den Satz von dir gegeben »Ich bin einfach sehr gestresst«. Das ist absolut in Ordnung – aber hast du dich schon einmal gefragt, warum du eigentlich gestresst bist? Hast du wirklich so viel zu tun oder bist du vor allem gestresst, weil du wieder einmal nicht Nein sagen konntest und weil du es zu vielen Menschen recht machen wolltest? Es lohnt sich, diesen Gedanken ein wenig tiefer zu verfolgen.

Stell dir einmal folgende Situation vor: Du machst dich am Morgen auf den Weg zur Arbeit, doch bevor du aus dem Haus gehst, rufen deine Eltern bei dir an. Sie bitten dich darum, sie am kommenden Wochenende zu besuchen, weil sie deine Hilfe im Haushalt benötigen. Du hast am Wochenende eigentlich keine Zeit, weil du mit einer guten Freundin zum Shopping gehen willst und weil du dich schon sehr darauf freust. Doch was tust du? Bevor dich das schlechte Gewissen plagt, sagst du deinen Eltern zähneknirschend zu, vereinbarst eine Zeit und stehst am Wochenende pünktlich wie besprochen vor ihrer Tür. Die Shoppingtour mit deiner Freundin konntest du auf den Freitagnachmittag verschieben. Die Stadt war zwar voll, aber ihr habt das Beste aus der Sache gemacht. Nun verbringst du den Samstag damit, deinen Eltern zu helfen. Am Abend bist du absolut erledigt und für den Rest des Wochenendes nicht mehr zu gebrauchen. Immerhin plagt dich das schlechte Gewissen nun nicht mehr, deine Eltern sind zufrieden und du bist ein kleines bisschen stolz auf dich, weil du dank deiner guten Organisation wieder einmal alles unter einen Hut bekommen hast. Doch in der hintersten Ecke deines Gehirns macht sich ein Gedanke bemerkbar – eigentlich war dir das alles zu stressig und zu hektisch. Vom Einkaufen mit deiner Freundin hast du nicht viel gehabt, ihr seid nur durch die Geschäfte gestürmt. Auch das Helfen bei deinen Eltern hat dir nichts gebracht, du ärgerst dich allenfalls über dich selbst, weil du dich wieder einmal von ihnen verplanen lässt. Was bleibt, ist der Gedanke, dass du es beim nächsten Mal besser machen willst und deinen Eltern einen anderen Termin vorschlagen willst oder sie bitten willst, sich von einem Nachbarn helfen zu lassen.

Doch genau jetzt wäre auch der richtige Zeitpunkt, um einmal darüber nachzudenken, was dir ein freundliches, aber konsequentes Nein in diesem Fall bringen könnte. Um es in einem Satz zusammenzufassen: Du hast weniger Stress! Du hättest in aller Ruhe mit deiner Freundin zum Shoppen gehen können und deine Eltern an einem anderen Tag sehen können. Vielleicht hättest du sogar gemeinsam mit ihnen eine Lösung gefunden, so dass eine andere Person helfen könnte, weil du selbst eben leider keine Zeit hast. Mit einem Wort – Nein sagen erspart dir an der einen oder anderen Seite erheblichen Stress.

In unserem hektischen Alltag wollen wir Partner, Kinder, Familie, Job und die eigenen Interessen, so gut es geht, miteinander in Einklang bringen. Schließlich ist es eine Frage der Organisation und in gewisser Hinsicht sind wir eben auch Perfektionisten. Wir schaffen das schon irgendwie, wenn wir uns zusammenreißen und uns ein wenig beeilen, ist für alles Platz, was es zu erledigen gibt. Überlege dir trotzdem einmal, was dir ein konsequentes Nein bringt! Es lohnt sich, diesen Gedanken für einen Moment zu verfolgen!

In unserem Beispiel hättest du genügend Zeit und Ruhe für die Shoppingtour mit deiner Freundin gehabt. Du hättest durch die Geschäfte spazieren können, vielleicht hättest du ein schickes neues Kleid oder ein Oberteil gefunden, nach dem du schon lange gesucht hast. Ihr könntet gemeinsam einen Kaffee trinken oder eine Pizza essen und habt insgesamt einfach einen schönen Tag. Am Ende fühlst du dich gut, du hast Spaß gehabt und konntest dich an diesem Samstag rundherum erholen und von der Arbeit abschalten. Der Tag war also ein voller Erfolg, den du bald wiederholen möchtest.

Diese Erfahrung lässt sich nahezu beliebig ausgestalten. Ein Nein bringt dir zum Beispiel mehr Zeit mit deiner Familie, mit deinen Freunden oder mit deinen Kollegen. Es bringt dir mehr Zeit für deinen Sport oder für dein Hobby. Und es bringt dir auch mehr Zeit für dich, zum Lesen oder Entspannen oder einfach nur um ein wenig in den Tag hineinzuträumen. Es bringt mehr Ruhe in deinen Alltag und vor allem erspart es dir eine Menge Stress, weil du endlich mehr Zeit hast für die Dinge, die dir wirklich wichtig sind.

Genau darum geht es am Ende: Wenn du Nein sagst, tust du das, weil du dir selbst einen Vorteil davon versprichst. Du verschaffst dir mehr Zeit und Raum für die wesentlichen Dinge, die dir Freude machen und die du priorisierst. Ganz ähnlich verhält es sich natürlich auch im Berufsleben. Wenn es dir gelegentlich gelingt, Nein zu sagen, wenn man dich um etwas bittet, hast du mehr Freiraum für deine eigentlichen Aufgaben. Vielleicht kannst du eine Präsentation noch ein wenig optimieren, eine Auswertung noch etwas nachschärfen oder deine E-Mails endlich bearbeiten. Unter Umständen erlaubt dir ein Nein aber auch, endlich einmal pünktlich Feierabend zu machen und noch eine Runde um den Block zu laufen. Wie auch immer es sich anfühlen mag – ein Nein schafft mehr Freiraum und lässt dir Zeit in deinem Terminkalender. Schon deshalb solltest du unbedingt an dir arbeiten und versuchen, in Zukunft etwas häufiger Nein zu sagen. Du wirst sehen, dass es sich lohnt, weil du einfach weniger gestresst durch den Alltag gehst und mehr Zeit für die Dinge hast, die dir wirklich wichtig sind.

3.2   Ein Nein spart deine Zeit

Hast du dir schon einmal überlegt, warum es Menschen gibt, die scheinbar alles schaffen und denen alles gelingt, was sie sich vornehmen? Sicher kennst du solche Zeitgenossen, die ihr Leben offenbar vollständig im Griff haben und die immer zum Ziel kommen. Natürlich sind dir auch viele Menschen bekannt, die genau das nicht schaffen. Ein Geheimnis der Erfolgreichen liegt sicher darin, dass sie Nein sagen können – um dadurch Zeit zu sparen, die sie für wichtige Dinge aufwenden.

Ganz sicher wurdest du im Büro auch schon einmal gefragt, ob du ein bestimmtes Projekt übernehmen kannst oder ob du am Abend zum After-Work-Dinner mitkommst. Natürlich könntest du Ja sagen, obwohl du keine Lust und auch keine Zeit hast. Das, was du eigentlich machen wolltest, muss dann eben noch ein bisschen warten oder muss schneller erledigt werden. Doch es wäre eigentlich viel schöner, wenn du mit einem freundlichen Nein ablehnen könntest. Dieses Nein spart dir nämlich eine ganze Menge Zeit, die du mit wichtigen Dingen verbringst.

In diesem Zusammenhang ist es wichtig zu verstehen, dass es deine Zeit ist, die du aufwendest! Wie jeder Mensch hast auch du nur 24 Stunden am Tag Zeit, wobei du einen gewissen Teil zum Schlafen abzweigen musst. Wahrscheinlich musst du zur Arbeit fahren, du musst dich fertigmachen und dann eben etwa acht Stunden arbeiten. Dein Limit an Zeit für dich selbst oder auch an Arbeitszeit ist demnach sehr begrenzt. Natürlich haben andere Menschen dieses Problem auch. Wenn du nun nicht Nein sagen kannst, zerrinnt dir deine Zeit in den Fingern. Du wirst niemals mit irgendetwas fertig, du bringst die Dinge nie bis zum Ende und bist insgesamt eben auch nicht konzentriert und fokussiert genug. Am Ende macht sich das vor allem an deinem Erfolg bemerkbar, denn der lässt vermutlich zu wünschen übrig.

Was im Privatleben noch zu verschmerzen ist, kann sich beruflich übel für dich auswirken. Schaffst du es nämlich niemals, eine Aufgabe zu Ende zu bringen, weil du nicht Nein sagen magst und deshalb keine Zeit für die wesentlichen Dinge hast, wird das deinem Vorgesetzten sicher nicht gefallen. Gelingt es dir nicht, die gewünschten Ergebnisse zu produzieren, musst du irgendwann mit schlechten Beurteilungen oder sogar mit einer Abmahnung rechnen. Mindestens aber dürfte dir der berufliche Aufstieg und auch die eine oder andere Gehaltserhöhung verwehrt bleiben. Natürlich bist du mit deinem Problem nicht allein, und es gibt zum Beispiel unzählige Tipps und Tricks, die sich um ein gutes Zeitmanagement drehen. Das allerdings musst du gar nicht bis zur Perfektion beherrschen, wenn du lernst, von Zeit zu Zeit Nein zu sagen. Damit schaffst du ganz automatisch Freiraum für die Dinge, die wirklich wichtig sind.

Stelle dir auch gerne einmal vor, was du mit deiner Zeit anfangen kannst, wenn es dir gelingt, nur zwei- oder dreimal pro Woche eine Bitte abzulehnen, um dir dadurch mehr Freiraum zu verschaffen. Es muss sich nicht unbedingt um sehr große oder zeitaufwändige Gefallen handeln, die du nett, aber konsequent ablehnst. Schon mit kleinen Schritten kommst du gut zum Ziel und gewinnst mehr Freiraum für dich und für das, was dir wichtig ist. Schließlich willst du dich ja nicht bei allen Menschen in deinem Umfeld unbeliebt machen und jeden Wunsch ablehnen. Aber beginne doch einfach, ein wenig zu sortieren und zu priorisieren und lehne die eine oder andere Kleinigkeit ab. Du darfst sicher sein, dass du plötzlich viel mehr Zeit und Raum für dich selbst hast und für die Dinge, die dir wirklich wichtig sind und die dich voranbringen!

Denke auch unbedingt daran, dass es deine Lebenszeit ist, die du für andere Menschen aufbringst und die du gut für dich selbst nutzen solltest! Auch dein Tag hat eben nur 24 Stunden, und es lohnt sich, hier ein bisschen häufig an sich selbst zu denken, um sich durch das eine oder andere Nein eine Auszeit zu verschaffen!

Das gilt übrigens im Berufsleben genauso wie im Privatleben. Mache dazu gerne den Versuch, eine Woche lang jeden Tag eine Bitte abzulehnen – und schau dir an, wie viel Zeit du plötzlich für dich selbst oder für die wichtigsten Menschen in deinem Umkreis hast! Du wirst sicher überrascht sein, dass du auf einmal weniger gestresst bist und dich besser auf das konzentrieren kannst, was dir wichtig ist. Der Versuch lohnt sich, und mit jedem kleinen Nein verschaffst du dir ein bisschen mehr an persönlichem Freiraum.

3.3 Nein sagen verleiht dir Stärke

Gerade für jemanden, der sich nicht traut, Nein zu sagen, ist dieser Aspekt sehr wichtig! So schwer es dir am Anfang erscheinen mag, so sehr profitierst du im Lauf der Zeit davon, wenn du es endlich schaffst, gelegentlich Nein zu sagen! Jedes Nein macht dich zu einer stärkeren Person, denn es formt und schärft deinen Charakter.

Du weißt ja schon, dass es viel mit deinem Selbstbewusstsein zu tun hat, wenn du dich nicht traust, Nein zu sagen. Gerade deshalb fällt dir jedes Nein so schwer. Je häufiger du aber über deinen Schatten springst und einfach deine Meinung höflich, aber bestimmt vertrittst, desto leichter fällt es dir. Beim ersten Mal fühlst du dich hinterher vielleicht schrecklich. Du hast ein schlechtes Gewissen, weil du jemanden verärgert oder enttäuscht hast. Du fürchtest, dass man dir deine Entscheidung übel nimmt, vielleicht hast du sogar Angst, dass man dir eine Strafe androht. Auf jeden Fall bleibt ein schlechtes Gefühl, weil du es nicht gewohnt bist, dich offen gegen jemanden zu stellen und eine Bitte abzulehnen. Dieses Gefühl und diese Sorgen sind völlig normal. Jeder, der eine ähnliche Lernkurve macht wie du, wird dir bestätigen, dass der berühmte Anfang sehr schwer ist. Diesen ersten Schritt zu gehen, kostet eine Menge Überwindung, und möglicherweise spürst du sogar so etwas wie Herzklopfen, wenn sich in einer Situation abzeichnet, dass du Nein sagen solltest und wenn du dann nicht weißt, wie du es am besten angehst. Für dich ist aber wichtig zu wissen, dass diese Emotionen völlig normal sind und dass du damit nicht allein bist.

Allerdings ist es genauso wichtig zu wissen, dass es im Lauf der Zeit immer besser und einfacher für dich wird. Anders formuliert – du wirst mit jedem Nein ein bisschen stärker und selbstbewusster! Mit dem Neinsagen verhält es sich wie mit vielen anderen Dingen auch: Je häufiger du es tust und übst, desto leichter fällt es dir mit der Zeit. Natürlich heißt das nicht, dass du gegen alles und jedes dagegen sein sollst und bei jeder Gelegenheit Nein sagen sollst. Aber wann immer es zur Situation passt und wann immer du das Gefühl hast, dass du einen Wunsch ablehnen solltest, ist es zu empfehlen, die Chance zu nutzen.

Natürlich muss es sich nicht jedes Mal um einen großen Wunsch handeln. Es hilft dir auch, wenn du mit kleinen Dingen anfängst. Wenn es dir zum Beispiel schwerfällt, Nein zu sagen, beginne bei nächster Gelegenheit einfach mit einer Angelegenheit, die eigentlich nicht der Rede wert ist. Teste die Reaktion deines Gegenübers und probiere aus, wie du dich nach deinem Nein fühlst. Wenn du dich sehr unsicher fühlst, kannst du gerne vorher im stillen Kämmerlein ein wenig üben, um deiner Stimme einen festen und sicheren Klang zu geben. Dann fällt es dir später in der Praxis ein wenig leichter und du bist schon ein bisschen daran gewöhnt. Nutze also die kleinen Gelegenheiten, dich zu behaupten und einen Gefallen abzulehnen. Im Lauf der Zeit wirst du sicherer und traust dich dann auch, bei größeren oder wichtigeren Fragen Nein zu sagen. Achte aber darauf, dass du am Ball bleibst und nicht aus Bequemlichkeit irgendwann wieder in deinen alten Trott verfällst. Das passiert leider sehr häufig, wenn man sich eine neue Angewohnheit aneignen will. Später in diesem Ratgeber erfährst du übrigens, wie es dir in der Praxis gelingt und was du tun musst, damit du eine Änderung deines Verhaltens so schnell wie möglich zu deiner Gewohnheit machst.

Achte auch darauf, wie du dich am Anfang fühlst und wie sich deine Gefühle im Lauf der Zeit ändern. Wahrscheinlich bist du beim ersten Mal sehr unsicher. Verfolge gerne, wie sich deine Emotionen Schritt für Schritt verändern und wie du immer mehr an Sicherheit gewinnst. Nach dem ersten Mal weißt du schon, wie dein Gegenüber reagiert und mit welchem Verhalten zu rechnen ist. Du hast also so etwas wie eine Referenz, sie macht es dir beim nächsten Mal leichter. Beim zweiten Mal ist es dann schon viel einfacher. So sammelst du bei jedem Nein weitere Referenzerfahrungen, die dir zeigen, wie andere Menschen auf dich reagieren und womit du rechnen musst.

So wirst du mit der Zeit immer sicherer und traust dir immer mehr zu. Jedes Nein macht dich zu einem stärkeren Menschen und hilft dir, deine Persönlichkeit zu formen und zu schärfen. Du wirst die Veränderung an dir selbst feststellen, du wirst aber auch entsprechende Rückmeldungen von deiner Umwelt bekommen. Wahrscheinlich schaut man dich beim ersten deutlichen Nein völlig überrascht an und weiß gar nicht, was in dich gefahren ist! Schließlich kennt man dich so nicht und hat dich auch noch nicht so selbstbewusst erlebt. Solche Erfahrungen sind wichtig für dich, denn daran lernst du, dass du durchaus selbstsicher auftreten kannst und dich behaupten kannst. Nach einiger Zeit wirst du überrascht feststellen, dass du dich sehr gut in die richtige Richtung entwickelt hast und dass du auf deinem Weg zu mehr Stärke und Selbstvertrauen ein gutes Stück vorangekommen bist.

Achte trotzdem darauf, dass du auf deinem Pfad der Übungen mit Maß und Ziel vorgehst. Du musst nicht bei jeder unpassenden Gelegenheit Nein sagen und andere Menschen damit unnötig vor den Kopf stoßen. Deine Großmutter freut sich zum Beispiel sehr, wenn du sie gelegentlich besuchst, und es wäre sehr hässlich von dir, wenn du ihr diese kleine Freude nimmst. Überlege also gut, wo und wann du Nein sagst und wer dein Nein verkraften kann. Das musst du im Alltag später sowieso tun, deshalb nutzt du deine Chance am besten schon jetzt und wählst sorgfältig aus, wem du Nein sagst und wann du über deinen Schatten springst. Bei allem Selbstbewusstsein hast du sicher nicht vor, die Menschen, die du liebst, mit Gewalt zu verärgern und zu verletzen. Das ist übrigens etwas, was du von Anfang an beachten solltest – du sollst lernen, Nein zu sagen und dich zu behaupten. Du sollst aber nicht wie der berühmte Elefant im Porzellanladen vorgehen, sondern ein wenig mit Augenmaß vorgehen, um geliebte Menschen nicht zu sehr zu verprellen. Ein gutes Mittelmaß ist auch beim Neinsagen zu empfehlen, und wenn du mit deiner Lernkurve beginnst, solltest du das unbedingt im Hinterkopf behalten.

3.4   Nein sagen bringt dir Energie

Hast du schon einmal die Erfahrung gemacht, dass du dich voller Kraft und Energie gefühlt hast, wenn du etwas Unangenehmes erledigt hast? Genauso verhält es sich mit einem Nein, das du längere Zeit vor dir hergeschoben hast. Es kann unglaublich befreiend sein, etwas abzulehnen, was man nicht machen möchte. Es kann dir sogar einen unerwarteten Schub an Energie verleihen. Sobald die Sache erledigt ist und du einen Wunsch abgelehnt hast, fühlst du dich wie neugeboren und schaust wieder voller Zuversicht nach vorne. Das passiert besonders dann, wenn du dich durch ein Nein von einer Sache befreist, die dich sehr belastet.

Wenn du jemand bist, dem es schwerfällt, Nein zu sagen, bedrückt dich der Gedanke an ein Nein vermutlich schon längere Zeit im Voraus. Man trägt zum Beispiel eine Bitte an dich heran, die du nicht erfüllen kannst oder willst. Du überlegst hin und her und fragst dich, wie du dich aus der Affäre ziehen kannst. Schon diese Phase kann sehr belastend sein und an deinen Nerven zerren. Je länger du deine Entscheidung dann hinauszögerst, desto schlimmer wird es. Du drehst und windest dich und findest doch keinen Ausweg. Am Ende musst du dich zu einer klaren Entscheidung durchringen, die dir vermutlich unglaublich schwerfällt. Bis dahin hat sie dich sehr viel Energie gekostet, die du eigentlich anderweitig einsetzen könntest.

Doch dann hast du dich endlich zu einer Entscheidung durchgerungen. Du sagst dem Fragesteller, dass du leider keine Zeit hast, weil du wichtige andere Dinge zu tun hast. Du bringst deine Ablehnung höflich, aber bestimmt vor. Natürlich lässt du dich von deiner einmal getroffenen Entscheidung auch nicht mehr abbringen. Du bleibst konsequent bei deinem Nein, selbst wenn der Fragesteller mehrfach nachfragt.

Spätestens dann wirst du dich unglaublich erleichtert fühlen. Du hast die für dich so unangenehme Angelegenheit mit Bravour erledigt und musst dich nicht weiter damit belasten. Neben dieser Erleichterung und deinem Stolz, dass du es geschafft hast, Nein zu sagen, taucht noch ein ganz anderes Gefühl auf. Du bist erleichtert, dass du die Sache endlich erledigt hast und dass du dich nicht länger mit dieser schweren Entscheidung herumärgern musst. Du fühlst dich wie befreit und hast das Gefühl, dass man dir eine schwere Last von den Schultern nimmt. Fast könnte man meinen, du wirkst um ein paar Zentimeter größer, weil du endlich wieder aufrecht gehst und mit geradem Rücken durch das Leben marschierst.

Dieses Gefühl der Befreiung verleiht dir unglaublich viel Energie, mit der du vielleicht gar nicht gerechnet hast. Du fühlst dich stark und vital und hast fast den Eindruck, du bist in einen Jungbrunnen gefallen. Am liebsten möchtest du jetzt sofort ein paar spannende Dinge unternehmen und neue Erfahrungen machen, die dir Raum lassen für deine weitere Entwicklung. Diesen Energieschub solltest du sinnvoll nutzen, denn damit kannst du eine ganze Menge anstellen. Durch dein Nein verschaffst du dir also nicht nur mehr Zeit und Raum für neue Erfahrungen. Du verleihst dir selbst sogar einen Schub an Energie, der dich ähnlich in Fahrt bringt wie ein Pfeil, den man von der gespannten Sehne gleiten lässt. Mit so viel Tatendrang kannst du ein paar Dinge auf den Weg bringen, an denen du längere Zeit geknabbert hast und die scheinbar überhaupt nicht lösbar schienen.

Natürlich kann es sein, dass sich dieser Schub an Energie nicht bei jedem Nein im gleichen Maße einstellt. Beim ersten Mal platzt du wahrscheinlich vor Stolz und willst deine neu gewonnene Zeit sofort sinnvoll nutzen. Auch beim zweiten Mal fühlst du dich noch unglaublich stark. Auch wenn es um eine wichtige oder schwere Sache geht, die du abgelehnt hast, spürst du den Strom an Energie in dir, der dich zu neuen Taten anstachelt. Bei kleinen Dingen, oder wenn du schon ein bisschen Erfahrung mit dem Neinsagen gewonnen hast, ist dieser Schub wahrscheinlich nicht so stark.

Aber du weißt natürlich auch, dass es an dir liegt, wann du Nein sagen willst und wann nicht. Du hast jedes Mal die neue Chance zu entscheiden, ob dir ein Nein etwas bringt oder nicht. Damit entscheidest du auch ganz bewusst und sehr selbstbewusst darüber, ob du nun gerade einen Schwung an Energie brauchst oder nicht. Diese Freiheit der Entscheidung verleiht dir Kraft und Stärke, die du perfekt für deine ganz persönlichen Ziele einsetzen kannst.

Überlege dir nur für einen Moment, was du mit dieser neu gewonnenen Energie in deinem Leben anstellen kannst und wie du sie einsetzt, um dein Leben nach deinen Wünschen zu gestalten! Damit hast du einen ganz wichtigen Erfolgsfaktor für dein Leben in der Hand, denn wenn du deine Energie zielgerichtet für deine eigenen Interessen einsetzt, machst du eine ganze Menge richtig.

Es gibt sicher auch noch eine Reihe von anderen Quellen, aus denen du deine Energie ziehst. Dennoch ist die Wirkung eines selbstbewussten Neins nicht zu unterschätzen, denn du verschaffst dir damit Zeit, Raum und Kraft für Dinge, die dir wirklich am Herzen liegen. Wenn sich diese Chance bietet und du der Ansicht bist, dass jetzt der richtige Zeitpunkt ist, sollst du sie nutzen, um dein Leben nach deinen Wünschen zu gestalten. Achte aber bitte auch darauf, dass du ein Nein zielgerichtet einsetzt, wenn es dir wirklich etwas bringt – und nicht nur weil dir gerade danach ist. Denke daran, dass du mit einem Nein andere Menschen verletzt und enttäuschst und lehne dann etwas ab, wenn du der Ansicht bist, dein Gegenüber kann es verkraften. Behalte zum Beispiel auch deine Großmutter im Kopf, die mit einem Nein sicher nicht so gut umgehen kann wie dein Kollege oder ein Bekannter. Hier darfst du also gerne differenzieren, aus welchem Nein du deine persönliche Energie ziehst und wo es dir besser geht, wenn du eine Bitte erfüllst.

3.5 Nein sagen bringt dich zum Ziel

Du hast gelernt, dass Nein sagen zu negativen Konsequenzen führen kann. Du verärgerst die Menschen um dich herum, du hast ein schlechtes Gewissen und du musst befürchten, dass man es dir irgendwann mit gleicher Münze heimzahlt. Wie und warum also soll dich ein Nein zu deinen Zielen bringen? Wie hilft es dir, deine Ziele zu erreichen? Der Zusammenhang liegt auf der Hand: Ein Nein erlaubt dir, dich auf das Wesentliche zu konzentrieren und deine eigenen Ziele konsequent zu verfolgen.

Ganz sicher macht sich auch in dir gelegentlich das diffuse Gefühl bemerkbar, dass sich dein Leben eigentlich nicht in die Richtung entwickelt, die du dir ursprünglich vorgestellt hast. Vielleicht läuft es im Job nicht wie erhofft, vielleicht lässt die Gehaltserhöhung wieder einmal auf sich warten, vielleicht hat man dich bei einer Beförderung übergangen. Unter Umständen ist das Verhältnis zu deinem Chef ein wenig kompliziert, vielleicht sehnst du dich aber auch einfach nach einer neuen Herausforderung.

Auch privat gibt es sicher das eine oder andere, was man verbessern könnte. Manchmal ist es die Wohnung, die zu klein ist und die du gerne gegen eine neue Bleibe austauschen willst. Möglicherweise ist eine umfassende Renovierung auch schon ausreichend, dafür benötigst du aber auch eine Menge Zeit. Und wie sieht es überhaupt mit deiner Beziehung und deiner Familie aus? Besteht da nicht auch ein wenig Optimierungspotenzial? Oder möchtest du gerne eine neue Sportart lernen, die dich eine Menge Zeit kostet?

So unterschiedlich die Vorstellungen vom perfekten Leben sein mögen, so sehr hast auch du nur begrenzt Zeit, sie zu verwirklichen. Unsere Lebenszeit ist nun einmal beschränkt, der Tag hat 24 Stunden und das Jahr 365 Tage. Du kannst wählen, ob du diese Zeit für die Interessen anderer Menschen verschwendest oder ob du dich auf das konzentrierst, was wesentlich ist – wesentlich für dich.

Natürlich ist die wichtigste Voraussetzung dazu, dass du dich erst einmal mit deinen eigenen Zielen beschäftigst und dir überlegst, was du in deinem Leben erreichen willst. Über dieses ausschlaggebende Detail erfährst du in einem späteren Kapitel noch etwas mehr. Sind diese Ziele erst einmal gesteckt, machst du dich an die Umsetzung. Doch genau daran fehlt es häufig, denn hier lauern unzählige Störfaktoren. Solche Einflüsse von außen entstehen häufig auch daraus, dass du einfach keine Zeit hast, dich um dich selbst zu kümmern. Wenn du nämlich immer nur damit beschäftigt bist, anderen Menschen einen Gefallen zu tun, reicht deine Lebenszeit am Ende kaum aus, um dich auf deine eigenen Ziele zu konzentrieren. Das ist natürlich ein wenig dramatisiert, denn dein Leben besteht sicher nicht nur daraus, anderen Menschen einen Gefallen zu tun. Trotzdem solltest du dir immer darüber im Klaren sein, dass du deine Zeit nur einmal aufwenden kannst – entweder für die Wünsche eines anderen oder für deine eigenen Ziele. Das heißt nun nicht, dass du zum Egoisten mutieren sollst und dich nicht mehr um dein Umfeld kümmern sollst. Aber ein kleines bisschen Egoismus schadet nicht, denn er bringt dich dazu, dich auf etwas sehr Wesentliches zu konzentrieren, das du allein in der Hand hast – die Gestaltung deines eigenen Lebens!

Überlege dir doch einmal, was passieren könnte, wenn du etwa die Hälfte der Wünsche, die man im Lauf einer Woche an dich heranträgt, mit einem freundlichen Nein ablehnst –

um die Zeit konsequent für dich und deine eigenen Ziele zu nutzen natürlich. Angenommen, man bitte dich einmal am Tag um einen kleinen oder auch größeren Gefallen. Damit bist du Tag für Tag für einen mehr oder weniger langen Zeitraum gebunden und konzentrierst dich auf Dinge, die wesentlich sind – nur leider nicht für dich! Wenn es dir nun gelingt, an vier Tagen in der Woche eben diesen Gefallen freundlich, aber bestimmt abzulehnen, um die so gewonnene freie Zeit für dich selbst zu nutzen, dann hast du schon eine ganze Menge erreicht!

Diese Zeit kannst du entweder nutzen, um dir jeden Tag etwas Gutes zu tun und an einem kleinen Ziel zu arbeiten – oder du setzt sie ein und konzentrierst dich auf einen großen Wunsch, der dein Engagement über einen längeren Zeitraum fordert. Du schaffst damit für dich den Raum, dich konsequent und Tag für Tag ein wenig mit dir selbst und mit deinen Zielen und ihrer Realisierung zu beschäftigen. Diese Zeit hättest du nicht, wenn du immer Gewehr bei Fuß stehst, um anderen Menschen die kleinen und großen Wünsche zu erfüllen.

Bei diesem Gedankenspiel kommt es vor allem auf einen Faktor an – auf deine Konsequenz. Die wenigsten Ziele lassen sich nämlich im Handumdrehen und mit wenig Aufwand umsetzen. Wahrscheinlich musst du für einen längeren Zeitraum von mehreren Wochen oder sogar Monaten hart arbeiten, um zu deinem Ziel zu gelangen. Diese Zeit musst du dir schaffen, und das ist im hektischen Alltag nicht ganz einfach. Wenn du nun aber an der einen oder anderen Stelle freundlich Nein sagst und dabei bleibst, kannst du die so gewonnene Zeit zielführend für dich nutzen.

Vergiss allerdings nicht, dass du sie auf keinen Fall vertrödeln sollst! Ganz im Gegenteil sollst du zielgerichtet vorgehen und dich darum bemühen, deine Träume und Wünsche wahr werden zu lassen. Mit jedem Nein schaffst du dir den Freiraum, um genau das zu tun! Es ist also durchaus eine Überlegung wert, dich in der Kunst des Neinsagens zu üben, damit du dich besser auf dein eigenes Leben konzentrieren kannst. Schließlich hast auch du nur ein Leben zu leben und musst mit deiner Zeit haushalten. Mit einem gelegentlichen Nein machst du einen sehr wichtigen ersten Schritt, um dich in Zukunft verstärkt mit deinem eigenen Leben zu beschäftigen und deinen Weg zu gehen.

Es ist übrigens auch nicht nötig, dass du dich zukünftig nur noch auf dich selbst konzentrierst und alle anderen Menschen in deinem Umfeld komplett ausblendest. Nimm dir ruhig die Zeit und überlege sehr genau, welchen Personen du gerne eine Freude machen möchtest und ihnen deshalb einen Gefallen tust oder einen Wunsch erfüllst. Denke auch darüber nach, wer sich auf deiner Liste etwas weiter hinten in den Prioritäten wiederfindet, so dass du ohne Probleme und ohne schlechtes Gewissen auch einmal einen Gefallen ablehnst. Wenn du hier die Balance schaffst zwischen Unterstützung und Ablehnung, damit du dich absolut wohlfühlst, hast du eine Menge auf dem Weg zum zielgerichteten Arbeiten an deiner eigenen Zukunft richtig gemacht! Du wirst übrigens bald sehen, dass sich die Mühe lohnt, denn es fühlt sich unglaublich gut an, wenn du dir die ersten kleineren Ziele gesteckt hast und diese dann auf deiner Liste mit einem »Erledigt«-Vermerk abstreichen kannst!

Mit einem Nein schaffst du also mehr Raum, um deinen Zielen mehr Zeit und Energie zu widmen. Es geht also keinesfalls nur um die Zeit, die du dadurch zusätzlich zur Verfügung hast. Auch mit deiner Energie musst du haushalten, denn sie ist ebenfalls nur begrenzt verfügbar. Auch wenn einige Menschen offensichtlich einen höheren Energiepegel als andere haben und deshalb scheinbar mehr in kürzerer Zeit erledigen können, sind deine geistigen und körperlichen Kräfte am Ende immer nur irgendwie begrenzt vorhanden. Deshalb arbeitest du mit einem gelegentlichen Nein nicht nur ressourcenschonend mit deiner Zeit, sondern eben auch mit deiner Kraft und deiner Energie, die du dann wiederum für dich und deine eigenen Ziele einsetzt. Der Erfolg ist allein schon sicher die Mühe wert, gelegentlich an dich selbst zu denken und dich auf deine eigenen Wünsche zu konzentrieren, um diese Schritt für Schritt umzusetzen.

3.6   Nein sagen verschafft dir Respekt

Hast du dir schon einmal überlegt, wie ein Jasager auf seine Umwelt wirkt? Natürlich sind Menschen unglaublich gefragt, die niemals einen Gefallen ablehnen und die immer sofort bei der Sache sind, wenn es darum geht, einer anderen Person zu helfen. Ob diese Menschen allerdings echte Freunde haben oder ob sie von ihrem Umfeld lediglich gerne ausgenutzt werden, steht auf einem ganz anderen Blatt. Mit einem konsequenten Nein sorgst du dafür, dass dich deine Umwelt respektiert und mit ganz anderen Augen betrachtet[7], und eroberst dir so eine sehr interessante Plattform, um dein Leben neu zu gestalten.

Wohl jeder Mensch kennt sie – die Zeitgenossen, die am sogenannten Helfersyndrom leiden. Sie sind bei jeder Party zur Stelle, wenn ein Salat vorzubereiten ist, wenn Getränke zu besorgen sind oder wenn ein Raum zur Verfügung gestellt werden will. Sie bereiten die Feier vor und räumen hinterher auf. Natürlich kümmern sie sich auch darum, dass alle sicher und trocken nach Hause kommen, und wenn einer der Gäste zu tief ins Glas geschaut hat, bestellen sie selbstverständlich das Taxi und bitten den Fahrer, ein wachsames Auge darauf zu haben, dass sein Fahrgast sicher zu Hause ankommt. Die Beispiele solcher Menschen lassen sich beliebig fortführen, man findet sie im Privat- und im Berufsleben.

Es ist eine spannende Frage, warum sich diese Menschen so verhalten, und selbst Psychologen sind sich hier wohl nicht ganz einig. Ein Grund für das Helfersyndrom ist aber sicherlich, dass man sich geliebt fühlen möchte – und wer häufig hilft, wird natürlich automatisch geliebt, so die irrige Annahme. Manchmal stärkt es sicher auch das eigene Selbstvertrauen, wenn man einer anderen Person helfen kann, denn allein durch den Akt des Helfens stellt man sich auf eine höhere Stufe und fühlt sich dadurch viel selbstbewusster. Vielleicht fühlt man sich dieser Person gegenüber sogar unglaublich überlegen und behandelt sie herablassend und gönnerhaft, weil man eben bereit und in der Lage ist, zu helfen. Es liegt auf der Hand, dass diese Ursache des Helfens auf das Gegenüber nicht besonders ansprechend wirkt und dass man auf diese Hilfe gerne verzichten wird, wenn es möglich ist.

Fragt man dann noch im Umfeld dieser Zeitgenossen nach, wie man sie einschätzt und wie sie gemeinhin angesehen sind, zeigt sich unter Umständen noch ein ganz anderes Bild. Dann wird häufig deutlich, dass diese Menschen keinesfalls sehr großen Respekt verdienen oder gar sehr akzeptiert sind. Ganz im Gegenteil kann es durchaus passieren, dass man sich gar nicht so beliebt macht, wenn man überall zur Stelle ist, wenn einmal Probleme drohen. Freunde und Bekannte wollen vielleicht gar nicht verstehen, warum man bei jeder Gelegenheit Hilfe anbietet und immer zur Stelle ist. Gelegentlich wird dann wohl auch das Selbstvertrauen hinterfragt, oder man vermittelt den Eindruck, dass man sich überall in Themen einmischt, die einen gar nichts angehen. Leidet man am Helfersyndrom und erfährt dann, wie andere Menschen einen selbst sehen, kann das weh tun und gewaltig an dem sowieso schon angekratzten Selbstvertrauen nagen. Das Selbstbild gerät dann sehr ins Wanken, denn es weicht natürlich erheblich von dem Fremdbild ab, das andere Menschen haben. Damit stellt sich die Frage, ob es nicht sogar besser ist, von Zeit zu Zeit Nein zu sagen, um sich dadurch mehr Respekt zu verschaffen.

Tatsächlich lohnt es sich, diesen Gedanken ein wenig näher zu beleuchten. Wer gelegentlich eine Bitte abschlägt, wird sich zwangsläufig eindeutig positionieren und die Ablehnung deutlich zum Ausdruck bringen. Das muss nicht unhöflich passieren, aber ein bestimmtes und konsequentes Nein ist meist schon erforderlich, wenn eine Bitte an uns herangetragen wird. Anderenfalls besteht die Gefahr, dass der Fragesteller doch noch versucht, dich zu überreden und von deiner Meinung abzubringen. Selbst wenn deine Antwort schlecht ankommt, weil der andere enttäuscht, frustriert und vielleicht auch hilflos ist, verschaffst du dir damit in gewisser Weise Respekt. Vielen Menschen fällt es sehr schwer, eindeutig Position zu beziehen und eine Meinung zum Ausdruck zu bringen, die nicht dem üblichen Mainstream entspricht. Doch genau das tust du, wenn du Nein sagst. Dein Gesprächspartner wird dich dafür bewundern, selbst wenn er das nicht laut sagt. Vielleicht wünscht er sich sogar, ähnlich selbstsicher wie du aufzutreten, ohne sich vor den Folgen zu fürchten. Bei deinem Nein spielt es übrigens gar keine Rolle, ob du jung oder alt, männlich oder weiblich bist. Mit einem souverän vorgetragenen Nein hast du die Chance, dir die Achtung deines Umfelds zu verschaffen, selbst wenn die Menschen um dich herum älter sind.

Wenn es dir also häufiger gelingt, dich eindeutig gegen die Masse zu positionieren und von Zeit zu Zeit Nein zu sagen, wird dir das fast automatisch den Respekt deiner Mitmenschen einbringen. Voraussetzung dafür ist natürlich, dass du höflich und konsequent bleibst. Viele Menschen wünschen sich nämlich genau diesen Auftritt, den du an den Tag legst – und möchten gerne genau so sein wie du! Ganz nebenbei wirst du also sehr dafür bewundert und insgeheim fragt man sich vermutlich sogar, wie du es schaffst, so freundlich und konsequent bei deinem Nein zu bleiben!

Du kannst also recht sicher davon ausgehen, dass dir ein höfliches Nein zwar vielleicht im ersten Augenblick ein bisschen schadet, weil dein Gegenüber verärgert ist. Doch vermutlich wird das nicht lange anhalten, und sein Ärger wird in Bewunderung umschlagen. In gewisser Weise hältst du ihm den Spiegel vor und zeigst ihm, was er selbst noch lernen kann und wo er für sich selbst Optimierungsbedarf hat. Vielleicht fragt er dich sogar, wo du gelernt hast, so charmant Nein zu sagen!

Der Aspekt, dass man sich mit einem Nein die Anerkennung von anderen Menschen erkämpft, sollte auf keinen Fall in den Hintergrund gerückt werden, wenn es darum geht, einen Wunsch abzulehnen. Du schaffst es damit viel schneller und besser, die Bewunderung anderer auf dich zu ziehen, als wenn du jederzeit bereit bist und jedem Wunsch gerne nachkommst. Schon deshalb lohnt es sich also, gelegentlich an sich selbst zu denken und eine Bitte höflich, aber bestimmt abzulehnen!

3.7 Ein Nein verstärkt dein Ja

Du hast dich entschieden, endlich einmal Nein zu sagen – und gibst deinem Ja dadurch mehr Gewicht! Warum das so ist? Wenn dein Umfeld gewohnt ist, dass du gelegentlich gerne Nein sagst, freut man sich umso mehr darüber, wenn du einer Bitte nachkommst. Anders formuliert – man weiß dein Ja dann eher zu schätzen. Beweise dafür findest du ganz sicher in deinem privaten und in deinem beruflichen Umfeld, wenn du etwas nachdenkst.

Vielleicht kennst du folgende Situation: Es gibt eine Person in deinem Leben, die so etwas wie eine »sichere Bank« ist. Wann immer du Hilfe brauchst, kannst du anrufen und um einen Gefallen bitten. Diese Person ist zur Stelle und bemüht sich, dich zu unterstützen. Eigentlich sind es wohl vor allem die eigenen Eltern, die gerne an deiner Seite sind, wenn du Hilfe brauchst. Von ihnen könntest du so viel Unterstützung durchaus erwarten, und kaum jemand würde sich darüber wundern. Allerdings gibt es durchaus auch andere Menschen, die immer da sind, wenn man sie braucht. Ganz unabhängig davon, warum sie das tun und so zuverlässig und berechenbar handeln, ist es für dich sehr wichtig zu wissen, dass es solche Menschen gibt, denn sie geben dir einfach mehr Sicherheit, wenn es einmal brenzlig wird.

Es ist schön und gut, wenn du solche Menschen kennst, denn sie sind wertvoll und du solltest dir diesen Kontakt unbedingt erhalten und ihn schützen. Überlege trotzdem für einen Augenblick, wie du dich fühlen wirst, wenn von dieser Person plötzlich ein Nein kommt!

Vermutlich bist du vor allem überrascht und vielleicht auch ein bisschen verärgert. Schließlich hat man dich noch nie im Stich gelassen, und gerade jetzt erfährst du eine Ablehnung. Wahrscheinlich verstehst du das nicht, und wenn dir an dieser Person etwas liegt, wirst du sie sogar nach den Hintergründen fragen. Dabei erfährst du, dass sie gerade keine Zeit hat, dass es ihr gesundheitlich nicht gut geht, dass sie beruflich sehr gefordert ist, dass du sie zu häufig um Unterstützung gebeten hast oder dass es eben einen anderen Grund gibt, warum Hilfe gerade nicht möglich ist. So weit, so gut – doch spätestens nach dem ersten Schreck wirst du dir deine Gedanken machen, wie diese Ablehnung auf dich eigentlich gewirkt hat. Wahrscheinlich kommst du schnell darauf, dass du eigentlich verblüfft warst, weil du nicht damit gerechnet hast. Vielleicht ringt es dir sogar Respekt ab, weil endlich einmal jemand Nein gesagt hat und damit nicht sofort zur Stelle war. Und genau hier liegt das Geheimnis, warum ein Nein ein zukünftiges Ja verstärkt.

Hast du nämlich einmal Nein gesagt, weiß dein Gegenüber sehr wohl, dass du das kannst und bei nächster Gelegenheit auch wieder zeigst. Damit nimmt man dein Ja also nicht mehr als selbstverständlich, sondern man geht davon aus, dass du eben auch einmal Nein sagen wirst. Du verschaffst dir damit den Respekt deines Gegenübers und unterstreichst die Bedeutung deines Ja für die Zukunft.

Das ist gut, denn damit machst du deiner Umwelt klar, dass sie nicht immer auf dich zählen kann. Du zeigst, dass du eigene Interessen hast, denen du gerne nachgehst und die dich durchaus auch einmal dazu bringen, Nein zu sagen. Du wirkst einfach stärker und sicherer, wenn du einen Wunsch einmal ablehnst und man weiß deine Hilfe in Zukunft noch viel stärker zu schätzen.

Wer von dir immer nur gewohnt war, dass du allem zustimmst, ist natürlich überrascht und vermutlich auch verärgert. Ist das der Fall, solltest du nicht den Fehler machen, nachzugeben und der Bitte doch noch nachzukommen. Es ist viel besser, jetzt am Ball zu bleiben und dein Nein konsequent beizubehalten. Das mag schwerfallen, hilft dir aber auf lange Sicht weiter. Dein Gegenüber lernt nämlich dadurch, dass du nicht immer verfügbar bist, sondern deinen eigenen Weg gehst und deine eigenen Interessen hast.

Selbst wenn es schwerfällt, solltest du also bei deinem Nein bleiben und nicht nachgeben. Du wirst sehen, dass man dich in Zukunft mit ganz anderen Augen ansieht und dich vielleicht auch nicht mehr bei jeder Gelegenheit um einen Gefallen bittet. Du verschaffst dir dadurch mehr Freiraum für deine eigenen Interessen und gewinnst anderen Menschen gegenüber schlicht mehr an Format.

Vermutlich wirst du auch etwas mehr Dankbarkeit spüren, wenn du einmal Nein gesagt hast. Bist du nämlich immer zur Stelle, wenn Hilfe nötig ist, nimmt dein Gegenüber das als selbstverständlich und sieht nicht mehr ein, warum man dafür froh und dankbar sein sollte. Lehnst du hingegen von Zeit zu Zeit einen Wunsch ab, ist deine Hilfsbereitschaft keine Selbstverständlichkeit mehr, sondern eine Annehmlichkeit, für die dein Gegenüber auch etwas tun muss.

Verschaffe dir diesen wohlverdienten Respekt und lehne gelegentlich die eine oder andere Bitte ab. Du wirst sehen, dass du dadurch mehr Format bekommst und dass man ein Ja von dir in Zukunft viel eher zu schätzen weiß. Das tut dir gut und ist auch für die Beziehungen zu deinen Mitmenschen gut, weil sie dich mit mehr Achtung und Respekt betrachten und entsprechend behandeln. Diesen positiven Effekt eines gelegentlichen Neins solltest du dir nicht entgehen lassen, sondern gezielt nutzen, um dich besser zu positionieren und um dir mehr Achtung zu verschaffen.

3.8 Ein Nein vermeidet Konflikte

Dieses Argument überrascht dich sicher – denn wie willst du durch ein Nein eine Auseinandersetzung vermeiden? Ganz sicher ist dein Gegenüber ziemlich sauer auf dich, wenn er dich um etwas bittet und du schlicht ablehnst. Allerdings umgehst du mit einem freundlichen, aber klaren Nein weitere Streitigkeiten. Du bist nicht mehr sauer auf andere und auch nicht auf dich selbst. Sobald der erste Ärger also einmal verraucht ist, dürfte die Welt wieder in Ordnung sein und du musst dir wenig Gedanken machen, dass es in dieser Sache zu einer weiteren Auseinandersetzung kommt. Allein diese Aussicht ist es sicher wert, gelegentlich Nein zu sagen.

Wahrscheinlich hast du es auch schon einmal erlebt: Du hast dich von einem Freund oder von einem Verwandten überrumpeln lassen, er hat dir die Zusage abgerungen, am Wochenende beim Umzug zu helfen. Vielleicht geht es auch um eine andere Gefälligkeit, aber in jedem Fall hast du völlig überrascht Ja gesagt. Jetzt ärgerst du dich über dich selbst, weil du eigentlich keine Lust hast. Du hast dich wieder einmal überreden lassen, du hast nicht aufgepasst, du warst nicht schnell genug – und nun ist das nächste Wochenende verplant, obwohl du dich eigentlich ein bisschen erholen wolltest. Deine Familie ärgert sich ganz nebenbei auch, denn du wolltest sie eigentlich besuchen und dazu ist nun keine Zeit. Allerdings kannst du auch nicht mehr zurück, denn dein Bekannter wäre sicher ziemlich verärgert, wenn du jetzt noch ablehnst. Schließlich zählt er auf dich und deine Unterstützung. Du musst also ganz allein mit deinem Ärger fertig werden, doch es gibt ja niemanden, der daran schuld wäre – außer dir selbst. Wahrscheinlich ist der Ärger auf dich selbst um ein Vielfaches schlimmer als die Wut auf deinen Bekannten, der dich um den Gefallen gebeten hat. Jedenfalls schwelt da nun etwas in dir, es rumort und brodelt, und bei nächster Gelegenheit könnte der Vulkan zum Ausbruch kommen. Wenn du nicht aufpasst, erwischt es dann jemanden, der gar nichts dafür kann und sich einfach nur wundert, warum du sauer bist. Kurz und gut – die Situation ist für dich unangenehm und vielleicht auch für den Fragesteller, wenn er erfährt, dass du dich heimlich, still und leise so sehr über dich selbst ärgerst.

Viel besser wäre es doch für alle Beteiligten, wenn du dir ein wenig Zeit genommen hättest, über deine Antwort nachzudenken. Du hättest um Bedenkzeit bitten können und später antworten können. Das hätte dir dein Bekannter sicher nicht verübelt. Du hättest in Ruhe überlegt, ob du helfen willst und hättest keine übereilte Antwort gegeben, über die du dich nur ärgerst.

Jetzt verstehst du sicher, warum dir ein Nein dabei hilft, Konflikte zu vermeiden. Wenn du offen und ehrlich eine Bitte ablehnst und vernünftig begründest, warum du gerade keine

Lust oder Zeit hast, ist das auf jeden Fall die bessere Wahl. Selbst wenn dein Gesprächspartner verärgert ist, wird sich dieser Ärger schnell legen. Du vermeidest aber den Ärger über dich selbst, denn du kannst dir sagen, dass du deine Antwort in Ruhe überlegt hast und dann zu einer fundierten Entscheidung gekommen bist.

Mit diesem überlegten Vorgehen vermeidest du einerseits einen folgenden Konflikt mit deinem Bekannten. Wenn du dich nämlich ständig über ihn und seine Frage ärgerst, ist das sicher nicht sehr zielführend für eure Beziehung. Ein späterer Konflikt ist dann eigentlich schon vorprogrammiert. Noch viel wichtiger ist andererseits, dass du dadurch auch einen Konflikt mit dir selbst umgehst. Nichts ist so unangenehm wie der Ärger auf sich selbst. Wenn du dir ständig vorwirfst, dass du wieder einmal einen Fehler gemacht hast und zu schnell Ja gesagt hast, ist das für deinen Seelenfrieden ganz sicher nicht hilfreich.

Mit einem ruhigen und durchdachten Nein lebst du also auf jeden Fall ruhiger und freier von Ärger und von unnötigen Gedankenspielen. Ist die Entscheidung einmal gefallen, kannst du die Sache ganz in Ruhe hinter dir lassen und dich um andere Dinge kümmern. Das tut deinem Seelenleben gut, denn du vermeidest damit den ständigen inneren Konflikt mit dir selbst. Widme dich lieber den schönen Dingen des Lebens und zerreiße dich nicht zwischen irgendwelchen Selbstvorwürfen, die nur dir selbst schaden und die keinen Nutzen bringen.

Ein klares Nein zur richtigen Zeit kann also sehr gut dazu verhelfen, dass es dir besser geht und dass du ruhiger lebst. Diese Mühe dürfte es ganz sicher wert sein, Nein sagen zu lernen, denn wer will sich schon ständig in irgendwelchen Vorwürfen verstricken, weil man wieder einmal nicht klar und eindeutig kommuniziert hat.

3.9 Ein Nein wirkt authentisch

Wohl jeder Mensch will bei seiner Umwelt natürlich und ungekünstelt ankommen. Man möchte einfach authentisch wirken, so dass das Gegenüber den Eindruck hat, dass man zu den Dingen steht, die man sagt und tut. Vermutlich wünschst auch du dir, dass man dich als echte Persönlichkeit wahrnimmt, die glaubwürdig und eben einfach authentisch ist. Mit deinem Verhalten trägst du sehr dazu bei, diesen Eindruck zu vermitteln. Vor allem ein klares und eindeutiges Nein zum richtigen Zeitpunkt am richtigen Ort lässt dich durch und durch ungekünstelt und echt wirken, so dass dein Gesprächspartner spürt, dass du dich gerade nicht versteckst oder ihm irgendetwas vormachst.

Es gibt Menschen, bei denen man im Gespräch immer das Gefühl hat, dass sie leider nicht die Wahrheit sagen. Ihr Verhalten wirkt aufgesetzt, ihr Lachen ist unecht, du hast schlicht den Eindruck, dass du solchen Menschen nicht vertrauen solltest. Das ist sehr schade, denn Vertrauen ist die Basis dafür, dass man sich gut versteht und dass man sich in der Gesellschaft eines anderen wohlfühlt. Wenn dein Gegenüber den Eindruck bei dir erweckt, dass du ihm besser nicht deine wichtigsten Geheimnisse anvertrauen solltest, spricht man auch davon, dass er eben nicht authentisch wirkt.

Wenn nun jemand ständig zu allem Ja sagt und offenbar niemals eine eigene Meinung vertritt, dann sieht das leicht danach aus, als wäre dieses Verhalten lediglich aufgesetzt und nicht ehrlich. Niemand ist immer der gleichen Meinung wie alle anderen, niemand ist immer gut gelaunt und niemand findet immer alles super. Wenn du an eine solche Person gerätst, hast du vermutlich schnell das Gefühl, dass irgendetwas nicht in Ordnung ist. Diese Person wirkt auf dich ganz einfach nicht vertrauenerweckend. Du wirst immer den Eindruck haben, dass man dir nicht ganz die Wahrheit sagt. Auf diese Person wirst du dich niemals ganz und gar verlassen, weil du immer glaubst, dass sie dir irgendwann in den Rücken fällt. Das Verhalten vermittelt einfach kein gutes Gefühl, deshalb wirst du immer vorsichtig sein und darauf gefasst sein, dass irgendetwas passiert, was für dich unangenehm ist. Diese Person, die zu allem Ja sagt, ist einfach nicht authentisch und kommt deshalb auch nicht authentisch bei dir an.

Ganz anders hingegen ein Mensch, der durch und durch integer wirkt. Diese Person gibt dir das Gefühl, dass sie vertrauenswürdig ist. Du glaubst ihr, du bist gerne mit ihr zusammen, du hast den Eindruck, dass du dich auf sie verlassen kannst. Sie wirkt wie ein Fels in der Brandung auf dich, und wann immer Probleme drohen, fühlst du dich bei ihr gut aufgehoben.

Stell dir einmal vor, wie es sich auf dich und deine Freundschaften und Bekanntschaften auswirkt, wenn du es schaffst, so authentisch und zuverlässig zu wirken! So sicher wie du dich in der Gesellschaft einer solchen Person fühlst, so ergeht es auch den Menschen in deinem Umfeld. Schritt für Schritt wird deine Beliebtheit steigen und du wirst dich vor Menschen kaum noch retten können, die deine Nähe suchen. So wie es also dir selbst geht, wenn du auf eine andere Person triffst, die einfach zuverlässig und integer ist, so wird es auch anderen Menschen gehen. Man ist dann einfach gerne in deiner Nähe, man sucht deine Bekanntschaft und möchte gerne mit dir befreundet sein.

Mit einer klaren und eindeutigen Linie kannst du diesen Eindruck erheblich untermauern und stärken. Es kommt lediglich darauf an, dass du von Zeit zu Zeit einmal Nein sagst, wenn es angemessen ist. Du gewinnst an Stärke und Authentizität und wirst dadurch immer selbstbewusster. Man weiß einfach, dass man sich auf dich verlassen kann und dass dein Wort gilt. Du wirkst dann nicht wie eine Person, die ihr Fähnchen nach dem Wind hängt, sondern wie jemand, auf den man immer zählen kann, wenn es nötig ist. Leichter und schneller wird es dir kaum gelingen, neue Freunde zu gewinnen, als mit einem selbstbewussten und authentischen Auftritt.

Diese Wirkung allein ist es also sicher wert, dass du lernst, Nein zu sagen, wenn es angebracht ist. Im Lauf der Zeit machen die Menschen die Erfahrung, dass du zuverlässig bist und dass man sich auf deine Zusage verlassen kann. Das wird sich auf dein Umfeld auswirken und man will mit großer Sicherheit gerne mit dir zusammen sein. Ein Nein zur richtigen Zeit und am richtigen Platz verhilft dir dazu, wenn du es zielgerichtet einsetzt und konsequent dabei bleibst.

3.10 Zusammenfassung

Du hast in diesem Kapitel gelernt, was es dir bringt, wenn du gelegentlich Nein sagst. Du hast erfahren, dass du dir zusätzlichen Freiraum verschaffst, wenn du eine Bitte ablehnst. Du weißt, dass du seltener unter Stress stehst und dass es für dich zukünftig leichter wird, deine eigenen Ziele zu erreichen. Du spürst, dass du selbstbewusster wirkst, dass du authentisch bist und dass man dich in Zukunft leichter ernst nimmt. Du weißt nun auch, dass dein Ja viel stärker wirkt, wenn du von Zeit zu Zeit Nein sagst. Zusammengefasst wirst du viel entspannter und ruhiger leben, du wirst deine Ziele erreichen und du hast die Chance auf ein Leben, das so verläuft, wie du dir das immer gewünscht hast. Alles das ist es sicherlich wert, Nein sagen zu lernen – vorausgesetzt, du wendest es zielgerichtet an, wenn es angebracht ist.

Wer von sich behauptet, nicht Nein sagen zu können, weiß natürlich auch, dass der Weg zu einem Nein nicht einfach wird. Du hast sicher schon das Gefühl, dass du noch eine Menge lernen und üben musst, bevor du zuverlässig und selbstbewusst Nein sagst. Vermutlich stellst du dir spätestens jetzt die Frage, ob du dir die Mühe machen musst.

Wenn du dir allerdings noch einmal die Vorteile ins Gedächtnis rufst und überlegst, was es dir bringen kann, sich noch näher mit diesem Thema zu beschäftigen, dann solltest du dir dieses dritte Kapitel noch einmal genauer ansehen. Denke gerne in einer ruhigen Minute darüber nach, wie sich dein Leben ändert und welche Ziele du in Zukunft erreichst, wenn du lernst, Nein zu sagen. Nimm dir Zeit dazu und male dir dein neues Leben gerne in allen Feinheiten aus. Das ist wichtig, damit du den nächsten Schritt angehen willst, dich in der Kunst des Neinsagens zu üben. Erst wenn du ganz und gar überzeugt bist, dass du dich näher mit dem Thema beschäftigen willst, schaust du dir das nächste Kapitel an. Wir gehen jetzt Schritt für Schritt dazu über, die Kunst des Neinsagens in der Praxis zu üben. Lass dich gerne überraschen und probiere die Anweisung gerne zuerst bei kleinen Dingen aus, bevor du dich an die großen und wichtigen Fragen wagst. Du wirst sehen, dass es dir schon bald viel besser gelingt, selbstbewusst Nein zu sagen und dein Leben zu verändern. Einen Versuch ist es auf jeden Fall wert, denn scheitern kannst du nicht – du kannst nur immer besser werden auf deinem Weg in ein selbstbestimmtes Leben mit viel Freiraum für dich und deine Interessen.

3.11 Was du jetzt sofort tun kannst

Du hast nun gelernt, welche Vorteile es dir bringt, wenn du klar und eindeutig kommunizierst und Nein sagst, wenn es angebracht ist. Nutze die Gelegenheit und reflektiere noch einmal die folgenden Fragen.

1. Welche drei Vorteile sind für dich von besonderer Bedeutung?
2. Was passt am besten zu dir, zu deinem Charakter und zu deiner Persönlichkeit?
3. Auf welchen Vorteil willst du dich zuerst konzentrieren, wenn du gelernt hast, Nein zu sagen?

Diese Überlegung hilft dir dabei, deine Motivation zu erhalten. Wenn du weißt, warum du Nein sagen lernen willst und welche Vorteile es dir bringt, ist es viel leichter, an deinem Vorhaben festzuhalten. Deine Motivation wird dich auch durch die eine oder andere Phase tragen, in der du vorzeitig aufgeben willst und damit eine wichtige Chance verpasst, an dir und deiner Persönlichkeit zu arbeiten.

4 Wie lerne ich Nein sagen in 30 Tagen?

Zugegeben, die Überschrift wirkt schon ziemlich provokativ! Du haderst mit dir, weil es dir so schwerfällt, gelegentlich Nein zu sagen – und dann kommt jemand ganz nonchalant daher und behauptet, du kannst genau das in 30 Tagen lernen! Ich verstehe gut, dass du nicht nur skeptisch bist, sondern diese Ankündigung schlicht für Hokuspokus hältst. Bevor du nun aber das Buch zur Seite legst und nie wieder einen Blick hineinwirfst, warte noch ein paar Minuten und gönne dir selbst einen Blick auf die Fortsetzung. Ich bin sicher, du wirst dich im Nachhinein nämlich sehr ärgern, wenn du irgendwann entdeckst, welche Chance dir gerade entgangen ist. Tatsächlich ist es durchaus möglich, in 30 Tagen zum Neinsager zu mutieren, wenn du es gezielt angehst und konsequent am Ball bleibst. Bevor ich dich allerdings in die Geheimnisse des Neinsagens einweihe, möchte ich dir noch einen Moment lang die Gelegenheit geben zu verstehen, warum du mit deinem Problem nicht allein bist – und dass schon viele Menschen vor dir Nein sagen gelernt haben!

Ja, es ist sportlich, in 30 Tagen etwas ganz Neues zu lernen, was du bisher noch nie gemacht hast. Und ja – es ist provokativ zu behaupten, dass du nur 30 Tage brauchst, um dein Verhalten zu ändern. Das allerdings ist gewollt, denn ich will dir zeigen, dass auch du es schaffen kannst! Wie ich dir beibringen werde, in Zukunft leichter Nein zu sagen? Nun, als kleines Schmankerl zum Einstieg empfehle ich dir einen Blick auf meine Webseite https://chris-ley.de/! Hier bekommst du einen ersten Einblick, wie ich bei meinen Seminaren und Webinaren am liebsten vorgehe! Schau dich schon einmal auf der Seite um, wirf gerne einen Blick auf das eine oder andere

Thema, das dich interessiert – und freue dich dann schon einmal auf das Thema, das für dich gerade so im Mittelpunkt steht – das Neinsagen! Du wirst schnell feststellen, dass ich nichts halte von langen Vorträgen, bei denen du nach zehn Minuten abschaltest, weil sie einfach zu langweilig sind.

Ich will, dass du mitmachst – denn die aktive Teilnahme ist das Geheimnis hinter deinem Erfolg! Ich will, dass du die einzelnen Schritte konsequent abarbeitest und mit einem grünen Haken versiehst – er steht natürlich dafür, dass du deine Aufgabe erledigt hast. Bevor es allerdings so weit ist und wir in die Praxis einsteigen, erzähle ich dir mehr darüber, warum du heute nicht Nein sagen kannst und was dir fehlt, damit du es lernst! Für dich ist wichtig zu verstehen, dass schon unzählige andere Leute vor dir genau das gelernt haben, obwohl sie der Ansicht waren, sie schaffen es niemals.

Probiere meine Tipps also gerne aus und gib dir dann selbst ein offenes und ehrliches Feedback! Wie du das schaffst, erfährst du im nächsten Kapitel, in dem wir uns um die Umsetzung in der Praxis kümmern. In diesem Kapitel ist erst einmal der Blick hinter die Kulissen gefragt, denn hier erzähle ich dir alles Wichtige, was du theoretisch wissen musst, um Nein zu sagen. Im Mittelpunkt steht dabei die Psychologie des Menschen, denn ein wesentlicher Grund, warum wir nicht Nein sagen wollen, ist in der menschlichen Psyche begründet.

Mache dir übrigens keine Sorgen, dass du es nicht lernen könntest! Wenn du heute nicht so konsequent bist, wie du dir das wünschst, machst du morgen einfach weiter! Wichtig ist, dass du am Ball bleibst und dass du dich nicht von deinem Vorhaben abbringen lässt. Wie bei jedem guten Vorsatz wirst du Tage erleben, an denen du leichter Nein sagst, während es andere Tage gibt, an denen du dir gar nichts zutraust. Wichtig für dich ist zu verstehen, dass es sehr viel mit deinem Selbstbewusstsein zu tun hat, wenn du nicht Nein sagen willst. Weil das so ist, werden wir genau an diesem Punkt ansetzen. Du lernst Schritt für Schritt, was es mit deinem Selbstvertrauen auf sich hat und mit welchen Konzepten du zukünftig mit einer breiten Brust durch dein Leben gehst.

Du hast schon im zweiten Kapitel gelernt, dass Nein sagen sehr viel mit Selbstvertrauen zu tun hat. Du weißt schon, dass du schlicht nicht das nötige Selbstbewusstsein hast, souverän Nein zu sagen. Bevor ich dir zeige, wie du innerhalb von 30 Tagen dein Selbstbewusstsein aufpolierst, beschäftigen wir uns zuerst damit, was Selbstbewusstsein eigentlich ist. Folge mir also auf eine spannende Reise in die Psyche des Menschen und halte dir dabei gerne an der einen oder anderen Stelle den Spiegel vor. Frage dich ruhig offen und ehrlich, ob die eine oder andere Erläuterung für dich zutrifft und was du für dich daraus mitnimmst. Das macht es am Ende leichter, dich selbstkritisch zu hinterfragen und dein Training effizienter zu gestalten.

4.1 Selbstvertrauen heißt sich selbst vertrauen

Vielleicht kommt es dir wie eine unnötige Wortspielerei vor, wenn wir den Begriff »Selbstvertrauen« näher beleuchten. Er ist aber wichtig, um zu verstehen, woran es dir im Augenblick noch fehlt. Wer sich nicht traut, Nein zu sagen, hat meistens ein geringes Selbstvertrauen. Hier sind sich die Psychologen weitgehend einig und wahrscheinlich kannst auch du diesem Argument folgen. Doch was ist Selbstvertrauen eigentlich?

Fragt man einen Psychologen nach der Definition des Begriffs »Selbstvertrauen«, kommt meistens eine Aussage wie, dass es sich dabei um den Eindruck oder um die Bewertung handelt, die man selbst von sich hat[8]. Dein Selbstvertrauen entspricht im Prinzip also der Einschätzung, die du von dir selbst, von deinem Wissen, deinen Fähigkeiten und deinen Kenntnissen hast. Auch deine psychische Stärke oder dein Charakter fallen unter diese Einschätzung. Alles, was dich und deine Person, dein Wesen und deine Persönlichkeit ausmacht, gehört zu diesem Eindruck, den du von dir selbst hast. Ist dein Selbstvertrauen eher gering, schätzt du dein Wissen und deine Fähigkeiten, deine Charakterstärke oder deine Persönlichkeit klein ein. Ganz anders hingegen, wenn du dein Selbstvertrauen als recht groß beurteilst, was wiederum einem umfangreichen Wissen mit vielen Kenntnissen entspricht.

Wichtig ist zu verstehen, dass es hier nicht um die Meinung geht, die andere Menschen von dir haben! Es geht einzig und allein um den Eindruck, den du von dir selbst und von deiner Person hast. Natürlich wird deine Einschätzung deiner eigenen Person von anderen Menschen in deinem Umfeld beeinflusst. Dieser Einfluss kann sowohl positiv als auch negativ sein. Andere Menschen können dein Selbstvertrauen also stärken oder schwächen. Das ist völlig normal, dein eigenes Selbstvertrauen wird also von deiner Umwelt enorm beeinflusst.

Ob die Einschätzung deiner Umwelt mit deiner Meinung übereinstimmt, spielt übrigens nur eine untergeordnete Rolle. Zwar hat die Meinung deiner Mitmenschen einen gewissen Einfluss auf dich, denn deine persönliche Einschätzung ist sicher nicht ganz unabhängig von dem, was dir gute Freunde, Kollegen oder Angehörige in der Familie Tag für Tag sagen.

Trotzdem geht es bei Selbstvertrauen nur und ausschließlich um deine eigene Sicht auf deine Person.

Deine eigene Einschätzung kann von der Meinung deiner Umwelt natürlich mehr oder weniger stark abweichen. Man spricht dann von dem berühmten Selbstbild und dem Fremdbild. Sind beide Bilder weitgehend identisch, kommt deine Umwelt zur gleichen Einschätzung wie du selbst. Das ist gut, denn das bedeutet, dass du dich selbst recht gut kennst und dass du sehr authentisch ankommst. Weichen beide Bilder stark voneinander ab, wird es spannend. Das bedeutet nämlich, dass deine Umwelt zu einer ganz anderen Meinung kommt als du. Dann lohnt es sich darüber nachzudenken, warum das so ist – und wie du dafür sorgen kannst, dass beide Bilder in Zukunft besser übereinstimmen.

Wenn deine Familie oder deine Kollegen zum Beispiel der Ansicht sind, dass du sehr selbstbewusst wirkst und du selbst für dich glaubst, dass das überhaupt nicht der Fall ist, solltet du einmal in dich gehen und dein Auftreten hinterfragen. Wie kann es sein, dass du in der Öffentlichkeit offenbar so selbstsicher bist, während du hinter verschlossenen Türen eher unsicher wirkst. Oder was ist passiert, wenn du von der Öffentlichkeit als komplexbeladen beurteilt wirst, während du selbst glaubst, du bist ziemlich selbstbewusst? Wenn die Einschätzung deiner Umwelt so sehr von deiner eigenen abweicht, ist ein Blick hinter die Kulisse deiner sorgfältig gepflegten Maske ebenso interessant, wie sie dringend nötig ist.

Trotz dieser wichtigen Unterscheidung zwischen dem Selbstbild und dem Fremdbild geht es beim Selbstvertrauen allerdings ausschließlich um deine eigene Einschätzung. Wie siehst du dich selbst und wie beurteilst du deine Fähigkeiten, dich in jeder Situation zu behaupten und mit den Herausforderungen des Alltags umzugehen? Wie schätzt du dein Wissen und deine Fähigkeiten ein, auch unbekannte Dinge anzugehen in dem tiefen Vertrauen darauf, sie zum Erfolg zu bringen?

Um zu einer praktischen Einschätzung deines Selbstvertrauens zu kommen, sind zum Beispiel folgende Fragen sehr interessant: Traust du dich, auf der Straße ein hübsches Mädchen anzusprechen und sie nach dem Weg zu fragen? Hast du den Mut, vor einer großen Gruppe von Menschen eine Rede zu halten über ein Thema, das du nicht kennst? Wagst du dich an die Präsentation deines Projekts im Vorstand deines Unternehmens, ohne vorher nervös zu sein und Lampenfieber zu haben? Wenn du alle drei Fragen ganz problemlos mit einem lauten »Ja!« beantworten kannst, stehen die Chancen gut, dass du ein recht stabiles Selbstvertrauen hast.

Zögerst du oder stellen sich dir bei dem Gedanken an solche Situationen die Nackenhaare auf, ist das ein sicheres Zeichen dafür, dass du an deinem Selbstvertrauen arbeiten solltest. Den ersten Schritt dazu hast du schon getan, denn du interessierst dich für dieses Buch! Wenn du jetzt am Ball bleibst, hast du die besten Chancen, dein Selbstvertrauen deutlich zu erweitern, denn ich zeige dir in den nächsten Kapiteln noch genau, was du dazu tun musst! Für den Augenblick ist wichtig, dass du deinen Handlungsbedarf erkannt hast und dass du bereit bist, etwas für dein Selbstvertrauen zu tun.

Bevor wir weiter in die Praxis einsteigen noch ein letztes Wort zur Definition des Begriffs »Selbstvertrauen« – und zur Abgrenzung gegen den Begriff »Selbstbewusstsein«[9]. In der Literatur werden beide Begriffe häufig als Synonym verwendet.

Das ist aber wissenschaftlich betrachtet nicht ganz korrekt. Unter Selbstvertrauen versteht man eher das Vertrauen in sich selbst, die Herausforderungen des täglichen Lebens sicher und erfolgreich zu meistern. Du glaubst also daran, dass du die erforderlichen Fähigkeiten dazu hast. Selbstbewusstsein ist hingegen eher das Bewusstsein, dass du über die nötigen Fähigkeiten verfügst. Zwischen Selbstvertrauen und Selbstbewusstsein besteht also aus wissenschaftlicher Sicht ein kleiner, aber feiner Unterschied.

Wenn du beginnst, an deinem Selbstvertrauen zu arbeiten, solltest du allerdings konsequent vorgehen. Das ist die zwingende Voraussetzung, innerhalb von 30 Tagen zum Ziel zu kommen! Im besten Fall trägt jede deiner Entscheidungen in dieser Zeit dazu bei, dein Selbstvertrauen zu stärken! Wie dir das gelingt, erläutere ich dir auf den folgenden Seiten anhand von mehreren Konzepten. Wenn du das beachtest, baust du in kleinen Schritten mehr Selbstvertrauen auf. Nach den ersten Erfolgen wird es dir immer leichter fallen, deinen Weg zu gehen, so dass dein Ziel schon bald in greifbarer Nähe ist. Wichtig ist aber, dass du nicht auf halber Strecke aufhörst, weil es dir vielleicht zu schwer und zu anstrengend wird! Das ist der beste Tipp, den ich dir zum Einstieg geben kann!

4.2   Auch kleine Schritte führen zum Ziel

Mit deinem Ziel, mehr Selbstvertrauen aufzubauen, verhält es sich wie mit jedem anderen Wunsch, den du dir erfüllen möchtest: Du willst es erreichen, hast aber heute das Gefühl, du bist noch Lichtjahre davon entfernt. Es ist absolut verständlich, dass dir die Vorstellung, vor vielen Menschen auf einer großen Bühne zu stehen, schlaflose Nächte bereitet.

Genauso ist es völlig normal, dass du dich nicht traust, ein hübsches Mädchen anzusprechen. Dein Ziel steht vermutlich vor dir wie ein Berg, den du niemals erklimmen wirst – so jedenfalls ist heute deine Einschätzung. Du musst dich also auf einen längeren Lauf vorbereiten, und für diesen Marathon brauchst du Kondition und Durchhaltevermögen. Der Vergleich mit einem Marathon ist nicht ganz abwegig, und wenn du einmal überlegst, wie du dafür trainierst, wird dir die Ähnlichkeit schnell klar.

Angenommen, du konntest dich bisher weder für Jogging noch für Walking begeistern. Du bist auch nicht sehr sportlich und bewegst dich einfach nicht gerne. Einen Marathon zu laufen, ist für dich schlicht unmöglich. Wenn du dir aber das Ziel setzt, in einem Jahr an einem Marathon teilzunehmen, hast du genügend Zeit für dein Training. Du wirst wahrscheinlich zuerst in einem langsamen Tempo über eine kurze Distanz laufen, um dann Schritt für Schritt immer schneller und immer weiter zu laufen. Nach einem halben Jahr bist du schon viel weiter, nach einem Jahr ist der Marathon in greifbarer Nähe. Du motivierst dich also über kleine Schritte, indem du einen Schritt nach dem anderen erfolgreich absolvierst. So überstehst du auch eine Phase, in der du einmal keine Lust hast zu laufen. Die kleinen Erfolge sind so etwas wie dein Geheimrezept, das dir dabei hilft, immer wieder motiviert die Laufschuhe anzuziehen und loszulaufen. Dieses »Gesetz der kleinen Schritte« ist dein Erfolgsfaktor, wenn du dein Verhalten ändern möchtest[10]. Es hilft dir auch dabei, dein Selbstvertrauen zu stärken!

Wie dieses Gesetz wirkt, kannst du dir sehr anschaulich an einem Zeitstrahl verdeutlichen! Nimm dir ein Stück Papier im Format DIN A4 und lege es waagerecht auf den Tisch vor dir. Zeichne dann einen Zeitstrahl mit den Einheiten von minus 5 bis plus 5 ein. Genau in der Mitte befindet sich die Null, die Einheiten minus 5 und plus 5 sind von der Null also in gleichem Abstand voneinander entfernt. Nun überlege dir einmal kurz, wie du dein Selbstvertrauen heute einschätzt und welchen Wert du auf diesem Zeitstrahl dafür vergeben könntest. Da du schon weißt, dass du an deinem Selbstbewusstsein arbeiten willst, weil es etwas aufpoliert werden darf, bist du dir ziemlich sicher, dass du irgendwo im negativen Bereich auf der linken Seite der Null zu finden bist. Geh ruhig ganz kritisch in dich und überlege dir, wo du dich heute einordnest. Im Prinzip spielt es überhaupt keine Rolle, bei welcher Zahl du dich findest, deine Einschätzung sollte einfach deiner individuellen Meinung entsprechen. Lass dich auch nicht von anderen verwirren, sondern triff deine Einschätzung so, wie du es für richtig hältst. Gerne kannst du folgende Fragen als Anhaltspunkt nehmen: Du traust dich nicht, fremde Menschen auf der Straße anzusprechen? Du fürchtest dich vor einem großen Auftritt vor unbekanntem Publikum? Du magst keine Präsentationen halten, weil du dich unwohl fühlst? Du hast keinen Mut, einen neuen Sport zu lernen, weil du zu unsportlich wirkst? Wenn du solche Fragen aus vollem Herzen mit einem Ja beantwortest, kannst du dein Selbstvertrauen zum heutigen Zeitpunkt irgendwo bei minus 4 oder minus 3 einordnen.

Nachdem du nun weißt, wo du dich selbst auf dem Zeitstrahl findest, überlege dir noch, wie sich ein Mensch benimmt, der sich selbst die Bewertung »plus 5« gibt. Dieser Mensch hat vermutlich überhaupt kein Problem damit, eine Präsentation zu einem ihm unbekannten Thema zu halten, und ihn wird auch das große Publikum nicht stören. Ganz im Gegenteil nutzt er die große Bühne für seinen eigenen Zweck, um sich zu vermarkten und um sich selbst im besten Licht darzustellen. Wahrscheinlich hat diese Person auch gar keine Schwierigkeiten, fremde Menschen auf der Straße anzusprechen, wobei es sich sowieso grundsätzlich immer um die hübschesten Mädchen und die schönsten Frauen handelt. Vermutlich ist diese Person permanent umringt von Menschen, die ihn bewundern und die mit ihm befreundet sein wollen, weil er eben einfach selbstbewusst und souverän auftritt und damit alle Menschen in seinen Bann zieht. Und genau wie diese Person möchtest auch du in Zukunft auftreten, damit du genauso faszinierst und begeisterst!

Dein Wunsch ist verständlich, und dein Ehrgeiz ehrt dich. Doch überlege einen Augenblick, was passiert, wenn du nun versuchst, dich zu benehmen wie diese Person!? Was glaubst du, würde passieren und wie wirkt das auf deine Umwelt? Und wie fühlst du dich selbst dabei? Du kannst sicher sein, dass deine Mitmenschen in erster Linie überrascht sind. Sie fragen sich, was auf einmal mit dir geschehen ist. Im besten Fall unterstützen sie dich und finden dich nach deiner Veränderung super. Im schlimmsten Fall sind sie der Meinung, dass du eine Show abziehst und dass dein Auftritt künstlich und nicht authentisch ist. Vielleicht findet man dich sogar peinlich und möchte eigentlich nichts mehr mit dir zu tun haben. Ich bin sicher, dass du auf eine solche Einschätzung dieser Menschen aus deinem Umfeld gerne verzichtest!

Doch wie wirst du dich selbst fühlen, wenn du dich plötzlich so anders und entgegen deiner Natur verhältst? Ich vermute, du fühlst dich einfach nicht wohl in deiner Haut. Du bist vielleicht sehr nervös vor einem großen Auftritt, und er wird auch sicher nicht so gelungen sein, weil dir einfach noch die Erfahrung und die Routine fehlen. Unter Umständen hast du vorher so viel Angst und Lampenfieber, dass dir richtig schlecht ist und dass du vor Nervosität kein Wort herausbringst. Vielleicht kämpfst du gegen Herzklopfen und wirst ganz rot im Gesicht und alles das macht es nur noch schlimmer. Mit einem Wort – der große Auftritt passt einfach noch nicht zu dir, und deshalb hast du das sichere Gefühl, dass du die Finger davon lassen solltest. Dein Bauchgefühl täuscht dich an dieser Stelle sicher nicht, deshalb sollst du unbedingt darauf hören. Versuche also gar nicht erst, das Verhalten anderer Menschen zu kopieren, das dich zu der gewünschten Einschätzung auf unserem Zeitstrahl bringt! Geh deinen eigenen Weg, der so individuell ist wie du selbst – es ist der Weg der kleinen Schritte, die dich schließlich zum gleichen Ziel bringen! Doch wie könnte dieser Weg der kleinen Schritte aussehen?

Im Prinzip ist er ganz einfach! Du musst nämlich nicht sofort dein Verhalten komplett ändern und sofort eine »plus 5« auf der Skala bekommen! Es genügt vollständig, wenn du in den nächsten vier Wochen an einem einzigen Thema arbeitest. Nimm dir zum Beispiel vor, jeden Tag einen fremden Menschen anzusprechen! Warum du ihn ansprichst, wer es ist und wo das passiert, spielt erst einmal keine Rolle. Wichtig ist nur, dass du jeden Tag einmal aktiv wirst. Hast du diese Übung vier Wochen lang täglich gemacht, wirst du spätestens nach dieser Zeit eine überraschende Entdeckung machen: Es fällt dir nämlich gar nicht mehr schwer, andere Menschen anzusprechen! Während du am Anfang noch sehr aufgeregt warst und kein Wort hervorgebracht hast, sieht das nach der ersten Woche schon ganz anders aus. Nach der zweiten Woche gelingt es noch besser und in der vierten Woche hast du endlich die gewünschte Routine. Das Beste aber ist – nach einem Monat überlegst du dir, wo du dich nun auf diesem

Zeitstrahl einzuordnen hast! Und jetzt bist du sicher nicht mehr bei minus 3 oder minus 4, sondern vielleicht bei minus 2 oder minus 1! Du hast dich also innerhalb von vier Wochen deutlich verbessert – anders formuliert, du hast mehr Selbstbewusstsein aufgebaut!

Nun verstehst du auch, wie das Gesetz der kleinen Schritte funktioniert! Stelle dir vor, du bleibst noch zwei oder drei weitere Monate an diesem Thema dran. Im zweiten Monat versuchst du vielleicht, im Büro jeden Tag eine kurze Präsentation zu halten. Und natürlich führst du deine Übung fort, jeden Tag einen fremden Menschen anzusprechen. Machst du diese beiden Übungen einen Monat lang jeden Tag, ist dein Selbstvertrauen nach dieser Zeit wahrscheinlich schon bei null oder bei plus 1. Du hast also einen oder zwei weitere kleine Schritte auf dem Zeitstrahl absolviert und bewegst dich immer weiter in die Richtung deines Ziels.

Und denke unbedingt daran – man wird dich in dieser Zeit natürlich genau beobachten. Deine Freunde und Bekannten und deine Kollegen werden sich fragen, was du gerade tust, und man wird dich darauf ansprechen. Vielleicht trägt dir das nicht nur Verwunderung und Lob ein, sondern auch ein paar kritische Bemerkungen. Die meisten Menschen werden dich allerdings wohl dafür bewundern, dass du so konsequent vorgehst und dein Verhalten ändern willst. Und selbst wenn es einige Menschen in deinem Umfeld gibt, die das nicht akzeptieren, kannst du locker darüber stehen und weiter deinen Weg gehen.

Sicher hast du jetzt auch verstanden, wie du mit kleinen Schritten zum Ziel kommst. Im Prinzip nimmst du dir jeweils für einen Monat eine Aufgabe vor, die du konsequent jeden Tag ausübst. Am Ende dieser vier Wochen kannst du mit Stolz sagen, dass du es geschafft hast – und damit dein Selbstvertrauen gestärkt hast! Stell dir vor, du folgst diesem Weg konsequent für sechs Monate! Dann wirst du innerhalb eines halben Jahres so viel Selbstvertrauen aufbauen, dass dich nichts und niemand mehr aus der Ruhe bringt. Allein diese Vorstellung ist es ganz sicher wert, den einen oder anderen Stolperstein aus dem Weg zu schaffen! Denn diese Stolpersteine gibt es leider auch, doch damit du vorbereitet bist, erzähle ich dir im nächsten Kapitel, wo du mit Störfeuer rechnen musst und wie du mit Menschen umgehst, die dir deine kleinen Erfolge nicht gönnen.

4.3   Ein souveräner Umgang mit Kritik gehört dazu

Du hast es sicher schon einmal erlebt – du erzählst deinen Freunden oder deiner Familie sehr stolz davon, dass du einen neuen Vorsatz gefasst hast. Du möchtest eine neue Sportart lernen, deine Fremdsprachenkenntnisse aufpolieren, dich gesund ernähren oder endlich mehr Sport machen. Natürlich erwartest du mindestens, dass man dich dafür lobt und deinen Ehrgeiz hervorhebt. Doch was passiert? Du erntest im besten Fall ein müdes Schulterzucken. Im schlimmsten Fall greift man dich an und du musst dich plötzlich mit unerwarteter Kritik auseinandersetzen. Ein viel zitierter Satz ist dabei ganz sicher »Das schaffst du sowieso nicht, du gibst doch wieder auf!«. Dein guter Vorsatz ist damit innerhalb von wenigen Sekunden dahin, dein Elan ist verflogen, deine positive Energie löst sich in Luft auf. Dabei hätte es dir sehr geholfen, wenn man dich aufmuntert und dich in deinem Vorhaben unterstützt! Aber nein – du schleichst davon wie ein geprügelter Hund, du fühlst dich elend und weißt ganz sicher, dass du deinen guten Vorsatz nun nicht umsetzen wirst …

Wenn du diese Situation schon einmal erlebt hast, weißt du auch, wie unangenehm das Feedback von anderen Menschen sein kann. Vor allem wenn man dir etwas nicht zutraut, was dich Überwindung kostet, bist du schnell wieder entmutigt und lässt dein Vorhaben im Sand verlaufen. Dieses Verhalten ist leider völlig menschlich und nachvollziehbar – doch leider bringt es dich eben auch nicht zu deinem erhofften Ziel!

Auf meiner Internetseite https://chris-ley.de/ findest du eine ganze Menge Anregungen, wie du dir neue Ziele suchst, wie du motiviert bleibst und wie du endlich zu den Dingen findest, die wirklich wichtig für dich sind und die deinem Leben entsprechen. Ich gebe dir eine Menge Tipps, wie du deine Motivation steigerst und durchgehend auf einem hohen Niveau hältst. Das ist besonders wichtig, wenn du etwas vorhast, was ein wenig abseits vom üblichen Mainstream zu finden ist. Mit dem Rauchen aufzuhören oder mehr Sport zu treiben hat schließlich jeder von uns schon einmal auf der Agenda der guten Vorsätze gehabt. Doch vielleicht hast du dir etwas ganz anderes ausgesucht, das eben nicht jeder macht, und gerade dann trifft dich diese Kritik deiner Mitmenschen besonders hart. Du lässt also sehr schnell die Finger von dem, was du dir eigentlich vorgenommen hast. Doch halt – genau hier möchte ich ansetzen! In diesem Kapitel zeige ich dir, wie du selbstsicher mit Kritik umgehst und auch dann konsequent am Ball bleibst, wenn alle Welt versucht, dich davon abzuhalten. Man könnte fast sagen, ich bringe dir bei, mit einem »Jetzt erst recht!« deinen Weg zu gehen, um es allen zu zeigen, dass du dich nicht entmutigen lässt. Doch wie funktioniert das? Das Stichwort heißt »Referenzerfahrung«[11].

Eine Referenzerfahrung ist eine Erfahrung, die du zu einem früheren Zeitpunkt schon einmal gemacht hast. Sie dient dir als Beweis oder als Beleg dazu, an eine neue Erfahrung zu glauben. Wenn du zum Beispiel schon einmal einen sportlichen Erfolg hattest und nun mit einem weiteren Erfolg anknüpfen willst, werden dich manche Menschen vielleicht von deinem Vorhaben abbringen. Du hast allerdings eine Referenzerfahrung und weißt, dass du in der Vergangenheit schon einmal erfolgreich warst. Wenn du nun diese alte Erfahrung heranziehst, muss es dich gar nicht stören, dass dein Umfeld glaubt, dass du etwas nicht schaffst. Du weißt ja von deinem früheren Erlebnis, dass du sehr wohl erfolgreich sein wirst und dass dich dein einmal eingeschlagener Weg sicher zum Ziel führt.

Eine große Rolle spielt in diesem Zusammenhang dein Gefühl! Wenn du an den damaligen Erfolg denkst, dann sollst du immer auch an das Gefühl denken, das du bei deinem Triumph empfunden hast! Erinnere dich, wie sich das angefühlt hat. Erinnere dich, wie du dich in diesem Moment gefühlt hast, als du davon erfahren hast. Wie hat sich das angefühlt, wie hast du dich gefühlt, was hast du dabei gedacht? Versuche, dich so genau wie möglich an diesen Augenblick zurückzuerinnern. Das hilft dir, einen möglichen Misserfolg besser zu verkraften und sofort wieder weiterzumachen und an deinem Ziel festzuhalten.

Je besser es dir gelingt, dein Gefühl von damals zu aktivieren, desto leichter fällt es dir, die Kritik aus deinem Umfeld einfach abzustreifen und zu vergessen. Sie verliert nämlich in dem Maß an Gewicht und Bedeutung, in dem du dich an deinen früheren Erfolg erinnerst und das Gefühl wieder in dir weckst. Stell dir vor, du versetzt dich so intensiv in die

Situation von damals, dass du deinen Triumph im ganzen Körper spürst. Du bekommst Herzklopfen und Gänsehaut, dein Atem geht schneller, dein Puls ebenfalls! Wenn du dich so intensiv in diese Situation hineinversetzen kannst, prallt jede Kritik von außen komplett an dir ab. Unterschätze deshalb die Macht deiner Gefühle nicht, sie sind wichtig, wenn du Kritik nicht zu sehr an dich heranlassen willst!

Doch nicht nur deine Gefühle spielen bei deinen Referenzerfahrungen eine große Rolle. Auch der Verstand ist wichtig und will als Schutzschild herangezogen werden. Dein Kopf weiß nämlich auch bei großer Kritik, dass du in der Vergangenheit bereits beste Erfahrungen gemacht hast. Du weißt sehr genau, dass du deine Ziele früher schon erreicht hast und dass du über die Fähigkeiten und die Kenntnisse verfügst, ein gestecktes Ziel zu erreichen. Dabei spielt es keine Rolle, ob du einen neuen Sport oder eine Sprache erlernen wolltest, ob du dein Zeitmanagement optimieren wolltest, ob du kochen oder backen lernen wolltest oder ob du einfach ein hübsches Mädchen oder einen tollen Typen ansprechen wolltest! Dein Kopf sagt dir, dass du in der Vergangenheit immer wieder geschafft hast, was du dir vorgenommen hast!

Mit diesen Erfahrungen im Hinterkopf sollte es dir ziemlich leichtfallen, Kritik an dir abprallen zu lassen! Ob du dich mit der Person, die dich so kritisiert, auf eine heftige Diskussion einlässt oder ob du charmant über die Kritik hinweggehst, bleibt natürlich dir überlassen. Ein wenig hängt deine Reaktion wahrscheinlich auch von deinem Temperament und von deiner Persönlichkeit ab. Ruhiger dürfte es allerdings für dich verlaufen, wenn du schlicht über die Kritik hinwegsiehst und deinen Weg gehst. Am besten lässt du den anderen reden und hörst über seine Argumentation hinweg – schließlich weißt du es ja besser, denn deine Referenzerfahrung sagt dir ganz eindeutig, dass du dein Ziel erreichst!

Übrigens muss es auf keinen Fall eine spektakuläre Erfahrung sein, die du als deinen Motivator heranziehst! Ganz im Gegenteil sind es vielmehr die kleinen und alltäglichen Dinge, die dir dabei helfen, dein Selbstbewusstsein aufzubauen und zu stärken. Denke bei deiner Suche nach deinen Erfahrungen also nicht nur an die großen und wichtigen Dinge in deinem Leben, die du schon erfolgreich absolviert hast, sondern behalte unbedingt auch die kleinen Ereignisse im Auge, die man im ersten Augenblick leicht vergisst. Davon kennst du sicherlich eine ganze Menge, und sie alle helfen dir dabei, dein Selbstvertrauen zu stärken!

In diesem Zusammenhang möchte ich dir noch ein Bild vorstellen, das dir eine souveräne Reaktion auf Kritik hoffentlich erleichtert. Stell dir deine Referenzerfahrungen wie ein Schutzschild vor, das dich umgibt und das dich unverwundbar macht! Jede einzelne Erfahrung ist wie ein kleiner Punkt, und diese Punkte setzen sich zu einem Schild zusammen, das dich wirksam vor Angriffen von außen schützt! Dein Schutzschild ähnelt einem Panzer, der von außen durch Pfeile, Steine, Kugeln oder andere Waffen nicht zu zerstören ist. Dieses Bild mag dir dabei helfen, ein sicheres Selbstvertrauen aufzubauen, das durch keine Kritik der Welt zu zerstören ist und das dich wie eine schützende Hülle umgibt, damit du deine Ziele im Leben Schritt für Schritt erreichst.

4.4 Nutze jede Minute des Tages

Ich komme noch einmal auf dein Ziel zurück – du willst innerhalb von 30 Tagen dein Selbstbewusstsein stärken. Das heißt, du hast 30 Tage lang 24 Stunden am Tag Zeit, um an dir zu arbeiten. Wenn du ehrlich bist, ist das nicht viel, denn einen Teil deiner Zeit verbringst du mit Essen, Schlafen und sicher auch mit Faulenzen. Selbst wenn du jeden Tag zehn bis zwölf Stunden arbeitest, brauchst du doch ein paar Stunden zum Ausruhen, in denen du nicht für dein Ziel arbeiten kannst. Um aber trotzdem bei deinem Vorhaben zu bleiben, dein Selbstvertrauen innerhalb von 30 Tagen zu stärken, musst du die restliche Zeit optimal und sehr intensiv nutzen. Das geht leichter, als du dir vorstellst.

Versetze dich einmal in folgende Situation: Du bist ein Morgenmensch, dem es überhaupt nichts ausmacht, früh aufzustehen. Du hast dir in den Kopf gesetzt, jeden Morgen eine Stunde Sport zu machen, um danach frisch geduscht und voller Elan im Büro zu erscheinen. Du bist auf dem besten Weg, dein Ziel zu erreichen, denn du hast es bereits zwei Wochen lang geschafft, jeden Morgen so früh aufzustehen. Jetzt hast du aber noch zwei Wochen vor dir, denn du hast dir ja vorgenommen, vier Wochen lang jeden Morgen früh Sport zu treiben. Nun kommt dir aber gerade heute etwas dazwischen. Vielleicht hast du in der Frühe einen Arzttermin, der sich nicht verschieben lässt. Vielleicht steht ein besonders früher und wichtiger Termin im Büro an. Vielleicht brauchen dich deine Kinder heute, weil sie in die Schule gefahren werden müssen. Wie auch immer der Störfaktor des heutigen Tages aussieht – du schaffst es wohl nicht, deinen Frühsport zu erledigen.

Natürlich könntest du ganz entspannt sagen, dass du dann eben morgen das doppelte Pensum erledigst. Doch damit verlässt du den einmal eingeschlagenen Pfad, nach dem du jeden Tag Sport machen wolltest. Viel besser ist es deshalb, den restlichen Tag so effektiv wie möglich zu nutzen. Du treibst also nicht am Morgen Sport, sondern du drehst am Abend noch eine oder zwei Runden nach Feierabend. Das fällt dir vielleicht schwer, und gerade als Frühaufsteher hast du am Abend vielleicht keine Energie mehr. Doch denke für einen Moment daran, wie gut du dich fühlst, wenn du nach Feierabend noch eine Runde joggen gehst! Du wirst unglaublich stolz auf dich sein, weil du dein Pensum gehalten hast und weil du dich nicht mit einer dummen Ausrede zufriedengegeben hast! Du hast deinen inneren Schweinehund überwunden und deinen Tag so effektiv wie möglich genutzt!

Du wirst an diesem Abend sehr stolz auf dich sein, denn es ist dir einerseits gelungen, dich selbst zu überwinden und du hast es andererseits geschafft, dein Ziel auch an einem Tag zu erreichen, an dem deine Zeitplanung ein bisschen durcheinanderkommt. Ganz abgesehen davon, dass du deinen Tag sehr effektiv genutzt hast und deinem gesteckten Ziel wieder etwas näher gekommen bist, hast du dir auch eine sehr wichtige Referenzerfahrung geschaffen! Du hast dir selbst bewiesen, dass du wirklich jeden Tag Sport treiben kannst, auch wenn die Dinge einmal etwas anders laufen, als du dir das vorgestellt hast! Diese Referenzerfahrung ist wichtig für dich, weil du dir damit selbst beweist, dass du den berühmten inneren Schweinehund sehr wohl überwindest!

Wenn du nun also in kleinen Schritten zum Erfolg kommst und Kritik von außen an dir abprallen lässt, solltest du genau das jeden Tag tun! Lass es gar nicht zu, dass dich irgendwelche Einflüsse von außen von deinen Plänen abbringen. Bleib am Ball und baue auch dann eine Übungseinheit in deinen Tagesplan ein, wenn er einmal ganz anders verläuft, als du dir das erhofft hast. Es ist diese Konsequenz, die dich zum Erfolg bringt, denn sie sorgt dafür, dass du dich durch nichts und niemand von deinem gesteckten Ziel abbringen lässt. Du wirst sehen, wie stolz du am Ende bist, wenn du dein Ziel nach 30 Tagen endlich erreicht hast und dein Selbstvertrauen gestärkt hast! Diese Mühe war es wert, Tag für Tag am Ball zu bleiben, denn das Gefühl, erfolgreich zu sein, ist schlicht nicht mit Worten zu beschreiben. Genieße es, denn du hast mit deiner Beharrlichkeit und deiner Flexibilität bewiesen, dass du zum Ziel kommst!

In diesem Zusammenhang übrigens noch eine kurze Anmerkung zum Thema Zeitmanagement! Auf meiner Internetseite https://chris-ley.de/ erfährst du eine Menge über effektives Arbeiten, über optimales Zeitmanagement und über maximale Konzentration auf deine Ziele! Schau dich dort gerne noch ein wenig um und hole dir die eine oder andere Anregung, wie du noch besser zum Erfolg kommst – in diesem Fall dein Selbstbewusstsein optimierst! In diesem Buch gebe ich dir viele wertvolle Tipps, aber ich bin sicher, dass du auf meiner Homepage noch die eine oder andere Idee findest, die praktisch das Sahnehäubchen oder der Booster für dich ist, der dir noch besser dabei hilft, dein Verhalten zu ändern.

4.5 Wie du den schlimmsten Fehler vermeidest

Auf deinem Weg zu mehr Selbstvertrauen hast du nun schon eine ganze Menge gelernt. Du weißt, dass dich viele kleine Schritte zum Ziel bringen, dass du jede Minute des Tages an dir arbeiten sollst und dass du gelegentlich mit Kritik rechnen musst. Du hast wertvolle Tipps von mir bekommen, wie du mit Kritik umgehst, ohne dich beirren zu lassen. In diesem Kapitel beschäftigen wir uns ganz bewusst mit dem größten Fehler, den du machen kannst und mit dem du dein Ziel mit 100-prozentiger Sicherheit nicht erreichst! Um was es sich handelt? Das wird dir nach den nächsten Zeilen sofort klar!

Stell dir einfach vor, du möchtest in Zukunft jeden Morgen eine halbe Stunde zum Joggen gehen – vor der Arbeit natürlich. Du bist zwar schon recht sportlich, du machst regelmäßiges Krafttraining, stehst gelegentlich auf dem Tennisplatz und ziehst deine Runden im Schwimmbecken. Auch Radfahren gehört zu deinem Programm und manchmal versuchst du dich sogar an Entspannungsübungen. Nun soll es also Jogging sein. Eigentlich hast du in deinem eng geplanten Tagesablauf gar keine Zeit dazu, aber du hast mit einem Kollegen gewettet, dass du im nächsten Jahr an einem Halbmarathon teilnehmen wirst. Nun ist deine Kondition leider noch weit davon entfernt, die Strecke auch nur annähernd in einer vertretbaren Zeit zu schaffen. Es hilft also nichts – du musst die Sportschuhe schnüren und loslaufen. In der warmen Jahreszeit wirst du also jeden Morgen eine Stunde früher aufstehen, um danach 30 Minuten zu laufen, unter die Dusche zu springen und voller Elan zur Arbeit zu starten. Im Winter wirst du deine sportliche Aktivität dann auf das Laufband im Fitnessstudio verlegen, so dein ehrgeiziger Plan. Du fängst also an und bist in den ersten drei Tagen der ersten Woche auch noch total motiviert. Du schaffst die ersten 20 Minuten im Intervalltraining bei gemäßigter Geschwindigkeit ganz gut, danach musst du dich anstrengen, aber es klappt wie gewünscht. Voller Stolz beginnst du deinen Arbeitstag, und deine Kollegen fragen sich schon erstaunt, was eigentlich in dich gefahren ist, weil du so topmotiviert im Büro auftauchst.

So weit, so gut – doch leider lässt deine Motivation schon nach etwa drei Tagen ein wenig nach. Der vierte, fünfte und sechste Tage fällt dir noch schwerer und beim Start in die neue Woche stellst du dir zum ersten Mal die Frage, ob du nicht besser aufhören solltest. Du hast keinen Spaß am Joggen, es ist dir zu langweilig, deine Knie finden Laufen auch nicht so toll und überhaupt – wie konntest du nur auf die dumme Idee mit dem Marathon kommen?! Der Weg zu deinem Ziel wird nun immer schwerer, die Anstrengung wird immer größer und die physischen und die psychischen Schmerzen steigern sich. Du hast das Gefühl, als ob du niemals zu deinem Ziel kommen solltest. Immer häufiger hörst du auch die hässliche Stimme in deinem Kopf, die dir sagt, dass Joggen eben kein Sport für dich ist und dass du es niemals schaffen wirst, dein Pensum zu steigern. Diese hässliche Stimme in deinem Kopf hat sogar ein Gesicht – genauer gesagt hat sie eine ebenso hässliche Fratze! Sie erinnert dich an eine der berühmtesten Gestalten aus der nordischen Welt der Märchen und Sagen – und nein, es ist leider keine zauberhafte Elfe, sondern ein ekliger Troll! Ganz bestimmt hast du bei dem Gedanken an einen Troll auch sofort einen hässlichen Zeitgenossen vor deinem inneren Auge, der vielleicht mit abstehenden Haaren, mit einem gruseligen Rauschebart und mit zerrissener Hose und zu kurzem Hemd vor dir steht. Wie auch immer dein ganz persönlicher Troll aussehen mag – er ist das plakative Symbol für deine innere Stimme, die dir immer wieder zuflüstert, dass du endlich mit deinen Bemühungen aufhören sollst, weil es sich doch nicht lohnt ...

Du hast nun genau zwei Möglichkeiten – entweder hörst du auf den Troll in dir oder du erteilst ihm Redeverbot, am besten für die Ewigkeit! Wenn du die nordische Welt der Märchen und Sagen ein bisschen kennst, weißt du natürlich auch, dass du dir den Troll in dir zum Freund machen kannst, der dich dein Leben lang beschützt und der dir immer Glück und Wohlstand bringt. Dazu will er allerdings gut behandelt werden, deshalb überlege dir gut, wie du mit dem hässlichen Kerl in deinem Kopf umgehst! Wie auch immer du dich entscheidest – ob also dein Troll dein Freund oder Feind sein soll –, du musst auf jeden Fall darauf achten, dass er niemals die Oberhand gewinnt über deine sportlichen Bemühungen!

Anders formuliert – dein Troll versucht, dich von deinem weiteren Training abzuhalten. Besonders effektiv und erfolgreich sind seine Bemühungen etwa auf der halben Strecke, also ungefähr nach zwei Wochen. In dieser Phase fällt es dir erfahrungsgemäß sehr schwer, dein tägliches Lauftraining beizubehalten und fortzuführen. Natürlich kannst du in dieser emotionalen Phase aufgeben und aufhören. Du hörst dann einzig und allein auf dein Gefühl, das dir sagt, dass du dich nicht weiter anstrengen willst und dass es dir einfach zu mühsam ist, weiter zu trainieren. Gerade in diesen ersten zwei bis drei Wochen deines Trainings bist du emotional sehr involviert, denn du pendelst ständig zwischen Stolz und Frust hin und her. Du reagierst nun vorrangig mit deinem Gefühl, und es wird dir deshalb vermutlich sehr leichtfallen, das Training einzustellen. Das kannst du natürlich tun, und du wirst auch ganz sicher eine passende Ausrede finden, um deine Entscheidung zu rechtfertigen.

Doch halt – du könntest natürlich auch weiterlaufen und dieses Tal der Tränen mit hoch erhobenem Haupt durchschreiten! Hast du nämlich die zwei Wochen erfolgreich hinter dich gebracht, wird dir das Laufen immer leichter fallen. Du spürst, wie deine Kondition besser wird, wie deine Strecke länger wird oder wie die Geschwindigkeit steigt. Du merkst, dass es dein persönlicher Troll nun immer schwerer hat, sich durchzusetzen, denn du weißt ja schon, dass du beim Joggen erfolgreich bist. Bald schon hast du den gesteckten Zeitrahmen von vier Wochen geschafft, deine Kondition ist viel besser geworden und es fällt dir nicht mehr so schwer, morgens vor der Arbeit zu laufen. Jetzt ist der richtige Zeitpunkt, um deine Entscheidung in Ruhe zu treffen: Willst du weiterhin jeden Morgen 30 Minuten joggen, weil es dir guttut und Spaß macht? Oder stellst du ganz rational fest, dass dir andere Sportarten besser gefallen und dass Joggen einfach nicht dein Ding ist? Wie auch immer du dich entscheidest – der emotionale Troll in dir hat nun nicht mehr die Oberhand, und du triffst deine Wahl rational und mit Verstand in aller Ruhe. Doch was lernst du daraus? Wo könnte dein größter Fehler liegen, und wie vermeidest du ihn?

Unser größter Fehler liegt häufig darin, dass wir zu früh aufgeben[12]! Statt konsequent am Ball zu bleiben und immer weiterzumachen, hören wir auf, wenn es etwas schwierig wird! Das ist im Sport so, das ist im Berufsleben so und ganz sicher auch in unseren Beziehungen, wenn wir wieder einmal von einem anderen Partner träumen, statt uns mit demjenigen auseinanderzusetzen, mit dem wir Tisch und Bett teilen. Schließlich ist das Gras auf der anderen Seite immer etwas grüner, und das Obst aus Nachbars Garten schmeckt sowieso besser als das eigene. Es liegt wahrscheinlich in der Natur des Menschen, immer etwas haben zu wollen, was man gerade nicht bekommt, und dafür das zu vernachlässigen, was man vor der Nase hat. Doch gerade das ist einer unserer größten Fehler, die wir machen können!

Wenn wir nun also zu früh aufgeben, weil wir glauben, wir schaffen es sowieso nicht, gehen wir natürlich den leichten Weg und den Weg des geringsten Widerstands. Unsere Erfahrung wird uns darin bestätigen, denn wir wissen ja schon aus der Vergangenheit, dass wir nie gut im Joggen waren, dass wir nicht für die große Karriere gemacht sind und dass wir nie zu finanzieller Freiheit kommen werden. Und überhaupt hatten uns ja unsere Eltern und unsere Freunde vor dieser Beziehung gewarnt, die nun gerade etwas schwierig wird. Da nun offenbar alle Menschen um uns herum die richtige Sicht der Dinge haben und da wir sowieso noch niemals gewonnen haben, sind wir also schnell dabei, aufzugeben, wenn es einmal schwierig wird.

Ganz anders könnte unser gesamtes Leben allerdings verlaufen, wenn wir genau diesen größten Fehler eben nicht machen, sondern wenn wir konsequent am Ball bleiben und unsere Ziele verfolgen, wie wir sie uns nach reiflicher Überlegung und im Vollbesitz unserer geistigen Kräfte gesetzt haben! Natürlich ist es manchmal nicht einfach, konsequent zu sein und uns gegen Widerstände zur Wehr zu setzen. Natürlich fällt es uns schwer, den inneren Schweinehund zu überwinden und zum Sport zu gehen und uns immer und immer wieder aufzuraffen, obwohl wir den Muskelkater hinterher fürchten. Wenn wir es aber schaffen, die großen Widerstände zu überwinden, dann ist jedes Ziel im Leben erreichbar, das wir uns gesteckt haben!

Lass dich also nicht von dem gefürchteten Troll in deinem Kopf beeindrucken! Bleibe am Ball und verfolge dein Ziel konsequent, auch wenn es einmal schwierig wird. Immerhin dauert es rund vier Wochen, bis wir eine neue Angewohnheit so verinnerlicht haben, dass wir nicht mehr damit aufhören werden. Das gilt unabhängig von dem Ziel, das du dir gesteckt hast! Ganz egal, ob du nun einen neuen Sport lernen willst, ob du erfolgreicher im Beruf werden willst oder ob du eben mehr Selbstvertrauen aufbauen willst, du sollst auf keinen Fall zu früh aufgeben, sondern ganz im Gegenteil an deinem Ziel festhalten.

Du sollst dich weder von der Meinung deiner Mitmenschen beeindrucken lassen noch auf deine Freunde hören. Du sollst dich nicht an der Ansicht deiner Familie orientieren und dir im besten Fall auch nicht die Warnung deines Partners zu Herzen nehmen. Du sollst nicht den hässlichen Troll in deinem Kopf hören, du sollst dich nicht von deinem inneren Schweinehund überreden lassen, und du sollst dich nicht von irgendjemand oder von irgendetwas abhalten lassen, dein Ziel zu erreichen.

Auch wenn das von Zeit zu Zeit sehr schwer sein mag, ist das der größte Fehler, der dir unterlaufen kann! Du musst nur wissen, dass es ein paar Tage dauert, bis du dir eine neue Gewohnheit voll und ganz angeeignet hast. Während die ersten Tage noch leicht gehen, wird es dir nach ein paar Tagen schwerer fallen und du wirst aufgeben wollen. Das ist normal, aber diese Phase musst du durchstehen. Wenn du es geschafft hast und über den Berg bist, fällt es dir umso leichter, dein Ziel zu erreichen. Also heißt es, die Zähne zusammenzubeißen und immer weiterzumachen, auch wenn es schwerfällt.

Auf meiner Seite https://chris-ley.de/ findest du eine Menge weiterer Tipps, die dir dabei helfen, ein Motivationstief zu überwinden und deine Ziele zu verfolgen. Schaue dich gerne einmal um und suche dir heraus, was am besten zu dir passt! Sie alle wurden dafür entwickelt, dir bei der Umsetzung deiner Träume und Wünsche zu helfen und dich in der Entwicklung deiner Persönlichkeit weiterzubringen. Natürlich weiß ich, dass dir auf diesem Weg der eine oder andere Stolperstein im Weg liegt. Mit meinen Tipps und Tricks gelingt es dir, sie aus dem Weg zu schaffen, damit dich nichts und niemand davon abhält, dein Ziel zu erreichen.

So vorbereitet, dürfte es kein Problem für dich sein, Schritt für Schritt mehr Selbstvertrauen aufzubauen und zu lernen, endlich Nein zu sagen. Du wirst schnell feststellen, dass es die Mühe wert ist, denn wer mit Selbstbewusstsein durch sein Leben geht, wirkt einfach attraktiver und kommt bei anderen Menschen besser an! Dabei spielt es übrigens keine Rolle, ob es um Männer oder Frauen geht, denn selbstbewusste Zeitgenossen wirken auf jeden Menschen attraktiv!

Nun fragst du dich aber sicher, ob dieser Fehler, den ich dir hier ausführlich beschrieben habe, der einzige Fehler auf deinem Weg zu mehr Selbstvertrauen ist! Ganz sicher ist er nicht der einzige Fehler, denn es gibt noch viele weitere Dinge, die du falsch machen könntest. Allerdings ist dies der Fehler, der von den meisten Menschen begangen wird und der immer wieder als Ursache genannt wird, warum man nicht ans Ziel kommt – man hat einfach zu früh die Flinte ins Korn geworfen!

Interessant ist in diesem Zusammenhang sicher auch ein Blick auf die typischen Phasen, die wir durchlaufen, wenn wir etwas Neues starten[13]. Sie sind bei jedem Menschen und bei jedem Ziel ähnlich, deshalb darfst du sicher sein, dass du mit deinen Gedanken nicht allein bist.

Am Anfang bist du voller Begeisterung für dein Vorhaben. Nach ein paar Tagen denkst du dir, dass es wohl doch schwieriger wird als gedacht, und noch ein paar Tage später kommt dir der Gedanke, dass doch sehr viel Arbeit dahintersteckt. Machst du noch ein bisschen weiter, ist die Phase des absoluten Tiefpunkts nicht mehr weit. In dieser Phase bist du bereit aufzugeben, weil die Dinge doch nicht funktionieren wie gedacht. Natürlich kannst du jetzt aufhören und deinen Plan zu den Akten legen – du kannst aber auch weitermachen, und genau dabei hilft dir der Trick des Selbstglaubens. Gelingt es dir, dich kurz vor dem absoluten Tiefpunkt dazu zu motivieren, an dich selbst zu glauben, lässt du das viel gefürchtete Tal der Tränen viel schneller und leichter hinter dir – und damit geht es auch viel schneller wieder aufwärts! Ist nämlich der Tiefpunkt durchschritten und bleibst du dann am Ball – gerne auch mit dem Mantra »Nicht aufgeben!« –, dann kommst du schon bald zu dem Punkt, an dem du spürst, dass es tatsächlich funktioniert. Noch etwas weiter im Zeitablauf kommt dir dann endlich der Gedanke, dass du es schaffst, und an dieser Stelle nimmst du noch einmal deine ganze Energie zusammen, um die letzte Meile auch zu schaffen. Das Gefühl, wenn du dein Ziel erreicht hast, ist mit nichts zu vergleichen, und wenn du diese Erfahrung einmal gemacht hast, willst du sie immer wieder machen. Anders formuliert – Erfolg macht süchtig, und gerade das ist ein ganz wesentlicher Faktor für deinen Erfolg – und für mehr Selbstbewusstsein!

Hast du nämlich den ersten Schritt auf deinem Weg zu mehr Selbstvertrauen gemacht und hast du dich gegen alle Hindernisse durchgesetzt, stellt sich dieses Gefühl des Erfolgs endlich ein – und es macht süchtig! Du kannst dir das wie einen kleinen Rausch vorstellen, wobei allerdings der gefürchtete Kater mit den Kopfschmerzen und dem flauen Gefühl im Magen ausbleibt. Hast du es einmal erlebt, willst du es immer wieder erleben und hier liegt ein wesentlicher Faktor für deinen Erfolg. Er bedeutet nämlich, dass du ein einziges Erfolgserlebnis brauchst und nur ein einziges Mal dein Ziel erreichen musst. Jeder weitere Versuch wird dann viel einfacher für dich, weil du bereits bewiesen hast, dass du es schaffst. Du konntest bereits das unglaubliche Gefühl auskosten, wenn du einmal erreicht hast, was du schaffen wolltest, und weißt, dass es dir gelingt. Beim nächsten Mal weißt du schon, wo die Stolpersteine liegen könnten und wo du aufpassen musst, damit es dir leichter fällt. Weil aber das Glücksgefühl in dir einem Rausch ähnelt, willst du es wieder spüren und gehst deshalb mit voller Motivation an das nächste Ziel. Dein Erfolgserlebnis ist also eine positive Referenzerfahrung, die dir dabei hilft, die Reaktionen deiner Umwelt auszublenden und an dich selbst zu glauben! Diese Referenzerfahrung dient dir als Schutzschild vor Angriffen von außen und unterstützt dich, mit Kritik souverän und gelassen umzugehen und dich davon nicht beeindrucken zu lassen.

Du siehst schon, es wäre sehr schade, wenn du deine Chance verpasst und den ersten Versuch auf halber Strecke abbrichst – nur weil es so bequem ist! Wenn du aber die Zähne zusammenbeißt und am Ball bleibst, auch wenn es hart wird, winkt dir am Ende ein unglaubliches Erfolgserlebnis, das dich süchtig nach Mehr macht. Einmal erlebt, willst du garantiert nichts anderes mehr und planst schon bald den nächsten Coup, um dich wieder so richtig zu fordern. Verfolgst du diesen Weg konsequent, darfst du sicher sein, dass du dein Selbstvertrauen nach ein paar Monaten zu einem kugelsicheren Schutzschild ausgebaut hast, das durch nichts und niemanden zu erschüttern ist.

Übrigens kannst du ganz beruhigt sein, denn du bist nicht der einzige Mensch, der den Fehler macht, zu früh aufzugeben! Überlege ruhig einmal, wie viele Menschen in deinem Umfeld jemals von einem bestimmten Ziel erzählt haben, das sie unbedingt erreichen wollten. Und überlege dann genauso mit Ruhe, ob sie es geschafft haben! Du kommst wahrscheinlich zu dem Ergebnis, dass dir nur wenige Leute bekannt sind, die sich Ziele gesteckt haben und die diese dann auch erreicht haben. Aufgeben ist nämlich immer die leichteste Option, sie liegt nahe, wenn es einmal schwierig ist. Dabei spielt es auch überhaupt keine Rolle, ob es sich um ein privates Vorhaben handelt, ob du beruflich unterwegs bist oder ob es vielleicht um eine Herausforderung in deiner Beziehung geht. Du bist also mit deinem kleinen Problem nicht allein, aber du kannst eine Menge dafür tun, nicht in die gleiche Falle zu tappen wie so viele Menschen vor dir.

Du hast nun eine Menge über den größten Fehler gelernt, der dich von deinem Ziel abhält. Ganz sicher hast du für dich die Entscheidung getroffen, dass dir das nicht passieren soll! Damit du also nicht diesen schwerwiegenden Fehler machst, vor dem Ziel aufzuhören, erläutere ich dir im nächsten Kapitel den ultimativen Tipp für die effektive Umsetzung deiner Träume. Er ist ebenso einfach wie leicht zu realisieren, und gerade deshalb bist du wahrscheinlich überrascht, wie einleuchtend er ist. Bevor du mehr über meinen Geheimtipp erfährst, fassen wir noch einmal kurz zusammen, was du in diesem Kapitel gelernt hast und welche theoretischen Grundlagen du beherzigen musst, wenn du dein Selbstvertrauen in 30 Tagen aufbauen willst.

4.6 Zusammenfassung

Mehr Selbstvertrauen gewinnen und dabei Theorie und Praxis miteinander verbinden – das habe ich dir in diesem Buch versprochen. Ich habe dir angekündigt, dass du dein Selbstbewusstsein innerhalb von 30 Tagen stärkst. Zugegeben, das klingt im ersten Augenblick nicht realistisch und natürlich auch ein bisschen reißerisch. Trotzdem hast du mein Buch bis zu dieser Seite nicht aus der Hand gelegt. Das zeigt, dass du am Ball bleibst und dass du gewillt bist, wirklich an dir zu arbeiten! Du bringst also schon gute Voraussetzungen mit, um wirklich sicher zu deinem Ziel zu kommen.

Bevor ich dir im nächsten Kapitel das ultimative Tool vorstelle, mit dem du jedes – wirklich jedes! – Ziel erreichst, wollen wir jetzt noch einmal kurz zusammenfassen, was du in der Theorie schon weißt. Das hilft dir, den Schritt in die Praxis zu schaffen und das Gelernte praktisch anzuwenden.

Du weißt nun, was Selbstvertrauen ist und wie es sich von Selbstbewusstsein unterscheidet. Du kennst den kleinen, aber feinen Unterschied, obwohl beide Begriffe in der Literatur häufig gleichbedeutend verwendet werden. Du hast erfahren, dass du vermutlich nicht von heute auf morgen selbstbewusster wirst. Du hast verstanden, dass du Selbstvertrauen durch eine Entwicklung gewinnst, die Schritt für Schritt aufeinander aufbaut. Das zeigt dir, dass du deinen Weg gehen musst und innerhalb von 30 Tagen bedeutend vorwärtskommst. Gerade deshalb musst du am Ball bleiben und dich auf keinen Fall von deinem Ziel abbringen lassen. Es ist vielmehr das Geheimnis der kleinen Schritte und der kleinen Erfolge, das dich über einen Zeitraum von zuerst 30 Tagen auf die richtige Fährte führt. Bist du dann erst einmal unterwegs, kann dich nichts und niemand mehr davon abhalten, dein Ziel zu erreichen. Nur du selbst könntest dir im Weg stehen, wenn du den einen oder anderen Fehler machst, vor dem ich dich allerdings eindrücklich gewarnt habe. Deine Chancen stehen also gut, dass du nicht in diese gefürchtete Fehlerfalle hineinstolperst.

Ein typischer Fehler ist nämlich, sich zu sehr nach der Kritik von anderen Leuten zu richten. Sobald du dein Ziel ins Auge fasst und mit anderen Menschen darüber sprichst, musst du mit Kritik rechnen. Man wird versuchen, dich von deinem Ziel abzubringen. Das liegt daran, dass jeder entschlossene Mensch seiner Umwelt einen Spiegel vorhält. Du zeigst damit deutlich, dass man seine Ziele erreichen kann, wenn man am Ball bleibt und sich nicht davon abbringen lässt. Doch genau das gelingt vielen Menschen nicht. Weil sie das wissen und weil sie schon mehrfach gescheitert sind, wollen sie natürlich nicht, dass du schaffst, was sie selbst nicht geschafft haben! Deshalb wird man durch Kritik versuchen, dich von deinem Weg abzubringen. Dabei geht man mehr oder weniger zimperlich an die Arbeit, aber je mehr du an deinem Ziel festhältst, desto mehr musst du mit Kritik und Anfeindungen von außen rechnen. Das lässt du an dir abprallen, indem du dich auf andere positive Erfahrungen konzentrierst, die du in der Vergangenheit schon machen konntest. Erinnere dich einfach daran, welche Ziele du in den letzten Monaten bereits erreicht hast. Das hilft dir, dich nicht von deinem Vorhaben abbringen zu lassen, denn du weißt ja schon, dass du das Zeug zum Durchhalten hast! Ein schlimmer Fehler wäre also, auf die Kritik von Freunden, Bekannten und Familie zu hören und sie dir zu Herzen zu nehmen! Es ist ein sicherer Weg, der dich nicht zu deinem Ziel bringt.

Zum Abschluss hast du dann noch den Fehler kennengelernt, der am häufigsten gemacht wird und der dir sicher nicht dabei hilft, dein Selbstbewusstsein zu stärken! Du hast gelernt, dass zu frühes Aufgeben der Fehler ist, den die meisten Menschen machen und den es deshalb unbedingt zu vermeiden gilt. Natürlich wirst du dich auf deinem Weg zu mehr Selbstbewusstsein das eine oder andere Mal fragen, warum du dir das antust und warum du unbedingt stärker werden willst. Du wirst dich wahrscheinlich verfluchen für die Entscheidung, an deinem Selbstvertrauen zu arbeiten und anderen Menschen davon zu erzählen. Dir wird der Gedanke kommen, dass es doch so viel schwerer ist, als du dachtest, und dass es mit einer Menge Arbeit an dir selbst verbunden ist. Genau dann ist die Gefahr am größten, dass du aufgibst – und dich in dein Schneckenhaus zurückziehst. Das wiederum ist der sicherste Weg, wie du kein Selbstvertrauen aufbaust!

Du musst dir dieses Risikos bewusst sein und gezielt damit umgehen. Am besten gelingt das, wenn du von Anfang an unerschütterlich daran glaubst, dass du erfolgreich bist. Das gefürchtete Tal der Tränen ist dann viel schneller durchschritten und du kommst schneller in die Phase, in der du das lang ersehnte Ziel vor Augen hast. Mit jedem Schritt wird dein Weg dann leichter und du darfst dich darüber freuen, dass du erfolgreich warst. Mache also nicht den Fehler, zu früh aufzuhören, sondern bleibe kontinuierlich am Ball und starte jeden Tag mindestens einen neuen Versuch, dein Selbstvertrauen zu stärken.

Wie du das in der Praxis machst und welches Werkzeug dir dabei hilft, erfährst du im nächsten Kapitel. Du hast nun die wichtigsten theoretischen Grundlagen gelernt und weißt, worauf es ankommt. Jetzt ist der richtige Zeitpunkt, um in die Praxis einzusteigen und dein neu erworbenes Wissen zu testen, auszuprobieren, anzuwenden und zu verfeinern. Und versprochen – 30 Tage genügen dir, um dein Selbstvertrauen zu stärken und damit zu deinem lang ersehnten Ziel zu kommen!

5 Wie gelingt der Sprung in die Praxis?

Viele Vorhaben scheitern, weil der Plan zwar genial ist, die Umsetzung aber eher schwach – das ist die bittere Realität. Vielleicht hast du es selbst schon einmal erlebt, dass du ein Projekt von vorne bis hinten perfekt geplant und vorbereitet hast. Du hast im Vorfeld unzählige Fragen geklärt und an jedes noch so winzige Detail gedacht. Dann startest du voller Schwung in die Praxis – und stellst nach kurzer Zeit fest, dass du krachend gescheitert bist. Das tut nicht nur weh, sondern es ist auch reine Energie- und Zeitverschwendung! Schließlich konntest du deine Kraft anders einsetzen als für eine Planung und eine Umsetzung, die von Beginn an zum Scheitern verurteilt war! Bevor du nun aber mutlos die berühmte Flinte ins Korn wirfst und dich damit tröstest, dass besagter Plan ja sowieso nicht zu dir und deinem Leben passt, lohnt es sich, einen Augenblick anzuhalten und in sich zu gehen. Warum? Weil du mit einem objektiven und genauen Blick sicher eine logische und zutreffende Erklärung findest, was schiefgelaufen ist. Doch was könnte das sein?

Natürlich sind die Gründe für das Scheitern von guten Plänen unglaublich vielfältig. Manchmal liegt es an dir selbst, weil dir bestimmte Kenntnisse und Erfahrungen gefehlt haben. Manchmal ist schlicht das nötige Kleingeld nicht vorhanden, um eine längere Durststrecke durchzuhalten. Manchmal kommen so viele Einflüsse von außen, mit denen du nicht umgehen kannst. Manchmal ist es einfach Pech, dass unterschiedlichste Umstände bei deinem Vorhaben gemeinsam eintreffen. Vielleicht fehlte es an den richtigen Tools für die Umsetzung, und vielleicht war es für dein Projekt schlicht der falsche Zeitpunkt. Woran es also hängt und was du hättest besser machen können, hängt immer vom Einzelfall ab. Eine große Rolle spielt ganz sicher auch, ob es sich um ein berufliches oder ein privates Vorhaben handelt.

Ein sehr wichtiger Grund für das Scheitern von größeren Projekten liegt aber darin, dass die nötigen Maßnahmen für die Umsetzung nicht sorgfältig definiert und vorbereitet wurden[14]. Denn auch die schönste Planung will irgendwann zum Leben erweckt werden. Dazu musst du bestimmte Schritte festlegen. Diese Schritte sollten natürlich aufeinander aufbauen und logisch und stimmig sein. Sie müssen in der richtigen Reihenfolge festgelegt werden und abgearbeitet werden. Im Idealfall wird der Erfolg kontrolliert und jeder Schritt wird überwacht. Erst wenn ein Schritt mit mindestens zufriedenstellendem Ergebnis abgeschlossen ist, beginnt man mit dem nächsten. So setzt du dein Vorhaben langsam, aber sicher um und kommst Schritt für Schritt zum Ziel. Ganz wichtig ist dabei die Kontrolle jedes einzelnen Schritts mit seinem Ergebnis. Am besten dokumentierst du die Ergebnisse schriftlich, damit du jederzeit darauf zurückgreifen kannst und auch Missverständnisse zwischen den Beteiligten im Projekt vermeidest. Dazu solltest du ein Werkzeug nutzen, das eindeutig ist und das dir deinen Erfolg eindeutig und absolut objektiv aufzeigt. Wie dir das in der Praxis gelingt und wie ein solches Tool aussieht, erkläre ich dir in diesem Kapitel.

5.1 Schriftliche Planung ist das A und O

Erfahrene Coaches und Mentoren wissen es genau und geben ihre Erfahrung gerne an ihre Kunden weiter: Ziele müssen schriftlich dokumentiert werden und ebenso schriftlich überwacht werden. Warum das so wichtig ist? Nun, wenn du dein

Vorhaben schriftlich fixierst, zwingst du dich dazu, deine Gedanken zu sortieren. Du bringst Klarheit in deine Überlegung und musst konkret planen. Natürlich kann der erste Schritt aus einer vagen Formulierung bestehen wie zum Beispiel: Ich will abnehmen! Das ist in Ordnung, doch damit du zum Ziel kommst, musst du dein Vorhaben genauer definieren. Das bedeutet, dein Ziel muss messbar gemacht werden.

Wenn es um das Abnehmen geht, heißt das zum Beispiel, dass du die Zahl der Kilogramm festlegst. Außerdem definierst du den genauen Zeitpunkt, bis wann du abnehmen willst. Dabei musst du so konkret und detailliert wie möglich planen, so dass dein Ziel messbar wird. In diesem Beispiel könnte ein messbares Ziel sein, dass du innerhalb von zwei Monaten drei Kilogramm abnehmen willst. Achte darauf, dass du das Ziel zwar ehrgeizig ansetzt, dass es aber trotzdem einigermaßen erreichbar für dich ist. Es bringt dir nichts außer Frust, wenn du Ziele planst, die du niemals im Leben umsetzen wirst. Es kann durchaus eine Herausforderung sein, ein Ziel mit Augenmaß zu finden, das einerseits nicht zu anspruchsvoll ist, andererseits aber fordernd genug ist. Verlass dich bei der Definition deines Ziels ein bisschen auf dein Bauchgefühl, es weist dir in der Regel den richtigen Weg!

Wenn du nun an das Ziel dieses Buchs denkst – erinnere dich, du willst Selbstbewusstsein aufbauen! –, musst du das ebenfalls definieren und dokumentieren. Nun handelt es sich bei Selbstbewusstsein aber um eine Eigenschaft, die natürlich nicht in Zahlen messbar ist. Das macht es schwierig, ein Ziel genau zu definieren. Du musst dir also überlegen, woran du das Ziel »Mehr Selbstbewusstsein« für dich erkennst. Frage dich also in aller Ruhe, woran du für dich ganz persönlich festmachst, dass es dir an Selbstbewusstsein fehlt! Die folgenden Fragen geben dir ein paar Anhaltspunkte, aber dir fallen sicher noch weitere Ideen ein.

Es fällt dir schwer, eine Präsentation vor vielen Menschen zu halten? Du hast Angst vor der großen Bühne und vor dem unbekannten Publikum, weil du fürchtest, nicht gut genug zu sein? Du weißt, dass dir vor dem Auftritt die Knie zittern und dass du Lampenfieber hast? Du bist sicher, dass du anfängst zu stottern und keinen vernünftigen Satz sagen wirst?

Und wie verhält es sich mit den Kollegen in deiner Abteilung? Fällt es dir schwer, bei einer After-Work-Party dabei zu sein, wenn du die Location nicht kennst und wenn viele unbekannte Kollegen aus der Nachbarabteilung dabei sind? Gehst du niemals mit fremden Kollegen zum Mittagessen, weil du nicht weißt, worüber du mit ihnen reden sollst? Vermeidest du jedes Seminar, das der Erweiterung deines Fachwissens dient, weil du mit fremden Menschen nur schwer in Kontakt kommst?

Oder möchtest du eine neue Sportart beginnen, traust dich aber nicht, weil du in Sportkleidung eine schlechte Figur machst? Du magst nicht schwimmen gehen, weil dein Bauch etwas zu dick ist und die Oberarme nicht straff genug definiert sind? Du möchtest nicht mit den Arbeitskollegen zum Joggen gehen, weil deine Kondition zu wünschen übrig lässt? Du wagst es nicht, mit Yoga anzufangen, weil du nicht gelenkig genug bist?

Du hast keinen Mut, dich im Spanischkurs anzumelden, weil du schon immer Schwierigkeiten hattest, Sprachen zu lernen? Oder möchtest du Gitarre spielen lernen, glaubst aber, dass du absolut unmusikalisch bist? Vielleicht laden dich deine

Freundinnen immer wieder zum gemeinsamen Kochen ein, während du selbst gar nicht mitmachen möchtest, weil du nicht kochen kannst?

Und wie sieht es überhaupt mit deinen Freundschaften und Beziehungen aus? Hast du den Mut, fremde Menschen auf der Straße anzusprechen? Gehst du auf ein hübsches Mädchen oder eine schöne Frau zu und lädst sie zu einem Kaffee oder einem Cocktail ein? Oder traust du dich, den tollen Typ mit dem Waschbrettbauch anzusprechen und ihn zu fragen, woher er seine definierte Figur hat und ob er dir ein paar Tipps geben kann? Fällt es dir schwer, eine unbekannte Person nach dem Weg oder nach der Uhrzeit zu fragen?

Die Liste der Fragen ließe sich beliebig verlängern. Das ist aber nicht nötig, denn du hast sicher verstanden, worum es geht – du musst für dich zwei oder drei Merkmale herausfinden, mit denen du messen kannst, ob es dir an Selbstvertrauen fehlt oder nicht.

Nehmen wir einmal an, du suchst dir folgendes Merkmal heraus: Ich habe Schwierigkeiten, fremde Menschen anzusprechen. Dazu fehlt mir das nötige Selbstvertrauen. Wenn ich mehr Selbstvertrauen hätte, würde es mir viel leichter fallen, auf unbekannte Menschen zuzugehen. Dieses Merkmal ist klar und zweifelsfrei definiert, und wenn du diese Eigenschaft besitzen könntest, hast du mehr Selbstvertrauen – so ist deine einfache und absolut nachvollziehbare Annahme.

Dieses Merkmal kannst du nun sehr gut als Ziel für dich nehmen. Setze dir zum Ziel, einmal am Tag eine fremde Person anzusprechen! Beim ersten Gedanken daran bekommst du vermutlich Herzklopfen und dir wird ganz mulmig in der

Magengegend. Das ist völlig in Ordnung, denn du weißt ja, dass das für dich eine Herausforderung ist, der du dich aber stellen wirst. Denke gerne auch einen Augenblick an das Endergebnis – hast du es nämlich geschafft, über einen längeren Zeitraum jeden Tag einen Fremden zu kontaktieren, hebt dieser Erfolg dein Selbstvertrauen ganz enorm!

Diese Herausforderung ist für dich sehr gut messbar und nachvollziehbar, denn es gibt in der Regel keinen Zweifel, ob eine Person fremd ist oder nicht. Mit einer fremden Person ist in diesem Zusammenhang jemand gemeint, den du noch nie in deinem Leben gesehen hast. Wo du diese Person triffst, ist übrigens zweitrangig. Das kann auf dem Weg zur Arbeit sein, in der Bahn oder im Bus, an der Haltestelle, auf dem Weg zum Büro, am Arbeitsplatz, beim Sport oder überhaupt in der Freizeit. Der Einkauf am Wochenende bietet ebenso genügend Gelegenheit wie ein ganz normaler Spaziergang am Sonntag durch die Stadt. Auch im Café oder im Restaurant triffst du sicher fremde Menschen, die du noch nie zuvor gesehen hast. Das einzige Kriterium ist, dass du diese Person nun zum ersten Mal siehst.

Es spielt auch gar keine Rolle, was du von diesem Menschen willst! Am einfachsten ist es immer, eine Frage zu stellen. Diese Frage musst du noch nicht einmal vorab festlegen. Frage nach der Uhrzeit, nach dem Weg, nach dem nächsten Restaurant oder nach einem Eiscafé. Hier bist du recht flexibel und kannst dich also völlig an die jeweiligen Umstände anpassen. Relativ leicht wird es dir wohl fallen, wenn du in der Stadt nach der Uhrzeit oder nach dem Weg fragst. Das ist unverfänglich und sollte dich nicht zu viel Überwindung kosten. Du kannst im Lauf der Zeit auch gerne den Schwierigkeitsgrad erhöhen, denn schließlich wächst man mit seinen Herausforderungen! Beginne also zum Beispiel damit, jemanden in der Stadt nach dem Weg oder an der Bushaltestelle nach dem nächsten Bus zu fragen. Wenn du dich dann etwas sicherer fühlst, erhöhst du die Schlagzahl und sprichst ein hübsches Mädchen oder einen Typ an, der dir gefällt – natürlich nur, um wiederum nach der Zeit oder nach dem Weg zu fragen.

Mit diesen kleinen Schritten arbeitest du an deinem Selbstbewusstsein. Du kannst aber auch ganz anders vorgehen und dir sofort deine eigentliche Herausforderung vornehmen – das Neinsagen! Schließlich war das dein Ziel, doch damit dir das gelingt, brauchst du mehr Selbstvertrauen. Wenn du also sofort den harten und schwierigen Weg gehen willst, setzt du dir zum Ziel, jeden Tag einmal Nein zu sagen und eine Bitte abzulehnen! Ich bin sicher, dass das in deinem Umfeld für eine Menge Unruhe sorgt, denn schließlich kennt man das nicht von dir! Du musst also mit Gegenwind und mit entsprechenden Reaktionen rechnen. Wenn du aber genügend Energie hast und gleich das große Ziel angehen willst, nimm dir ruhig vor, in Zukunft einmal am Tag einen Wunsch von einem beliebigen Menschen aus deinem Umfeld abzulehnen. Das können kleinere Wünsche sein, du kannst aber natürlich auch große Bitten abschlägig bescheiden, wenn du dazu schon jetzt den Mut hast. Setze dir dieses große Ziel also gerne schon in dieser frühen Phase deines Lernprozesses, wenn du für dich den Eindruck hast, dass es für dich bereits erreichbar und realistisch ist – wenn auch mit einiger Anstrengung!

Du hast dir nun eine ganze Menge Gedanken darüber gemacht, was du tun willst, um dein Selbstvertrauen aufzubauen. Du hast dir die einzelnen Schritte überlegt, die genau zu deiner Situation und zu deinem Ziel passen. Anders formuliert – du hast einen Schlachtplan entworfen! Das ist wichtig, denn dieser Schlachtplan leitet dich nun auf deinem weiteren Weg. Deshalb muss er so konkret wie möglich formuliert sein und deshalb sollte er unbedingt genau zu deiner individuellen Situation passen. Nimm dir ruhig ein wenig mehr Zeit dafür, denn im nächsten Schritt gilt es, diesen Schlachtplan abzuarbeiten. Deshalb ist es so wichtig, dass er deinen Zielen so gut wie möglich entspricht und genau auf dich zugeschnitten ist.

Vergiss auch nicht, deinen Schlachtplan schriftlich zu fixieren. Ein schriftlich formuliertes Ziel ist klarer und eindeutiger als ein Wunsch, den du lediglich in deinem Kopf für dich selbst hegst. Durch das schriftliche Festhalten bist du gezwungen, so genau wie möglich zu formulieren und dich präzise an deinen Wünschen zu orientieren. Das verschafft dir Klarheit, deine Gedanken werden dadurch transparenter und du bekommst selbst noch einmal eine genaue Vorstellung, was du eigentlich erreichen willst. Formulierst du schriftlich, bist du gezwungen, dich ganz genau auszudrücken und auf den Punkt zu kommen.

Ist dein Schlachtplan formuliert und ist er schriftlich festgehalten, geht es im nächsten Schritt darum, den Zeitraum festzuhalten, den du für die Umsetzung einplanst. Der zeitliche Rahmen ist genauso wichtig wie das eigentliche Ziel, denn er zwingt dich, die Umsetzung innerhalb eines bestimmten Zeitraums voranzutreiben. Anderenfalls würdest du dir unnötig lange Zeit lassen und die Realisierung deiner Wünsche in die Länge ziehen. Da du das nicht willst, musst du den Zeitraum so präzise wie möglich festhalten.

Im nächsten Kapitel erfährst du, welcher Zeitraum optimal ist, damit du einerseits genügend Zeit zum Üben hast und andererseits in dieser Phase zwar gefordert bist, aber nicht über- oder unterfordert bist.

5.2 Der Zeitraum muss überschaubar sein

Dein Schlachtplan für mehr Selbstvertrauen ist gemacht, du hast für dich festgelegt, wie du vorgehst und in welchen Situationen du in der nächsten Zeit ganz selbstsicher Nein sagen wirst. Jetzt könntest du anfangen und die Umsetzung über einen beliebigen Zeitraum in die Länge ziehen. Das allerdings macht es schwierig, am Ball zu bleiben und deine Erfolge zu kontrollieren. Je länger nämlich der Zeitraum ist, desto mehr wird deine Motivation darunter leiden. Deshalb ist es wichtig und gut, diesen Zeitraum von Beginn an zu beschränken. Wie lange er im besten Fall sein sollte, erfährst du in diesem Kapitel.

Stell dir einmal vor, du hast dir vorgenommen, eine neue Sprache zu lernen. Du hast dich nicht für Englisch, Französisch, Spanisch oder Italienisch entschieden. Es soll vielmehr etwas Ausgefallenes sein, deshalb ist deine Wahl auf Japanisch gefallen. Das Land fasziniert dich schon lange und du denkst darüber nach, einen längeren Urlaub dort zu verbringen. Damit du im Alltag klarkommst, hast du dich entschieden, Japanisch zu lernen. Du weißt natürlich, dass die Sprache in Wort und Schrift völlig anders ist als alles, was du bisher gelernt hast. Vor allem bist du nicht sicher, ob du die Zeichen jemals lernen wirst und ob dir die Aussprache liegt. Um das herauszufinden, hast du zwei Möglichkeiten.

Du belegst einen Kurs, der einmal in der Woche stattfindet. Er ist zeitlich nicht begrenzt, du kannst die Laufzeit beliebig in die Länge ziehen. Natürlich wird der Sprachkurs für Anfänger und Profis angeboten. Hast du erst einmal angefangen, könntest du über einen sehr langen Zeitraum Japanisch lernen. Das ist völlig in Ordnung, doch du wirst in dieser Zeit vermutlich niemals herausfinden, ob dir die Sprache wirklich liegt oder nicht. Du wirst Höhen und Tiefen durchleben und manchmal mit großer Sicherheit an den Eigenarten der Sprache verzweifeln. Du bist frustriert und selbst die größte Motivation wird irgendwann sehr darunter leiden. Vielleicht hörst du irgendwann sogar ganz auf und beendest deine Mitgliedschaft in dem Kurs. Sehr wahrscheinlich wirst du in manchen Phasen mit Begeisterung dabei sein, in anderen Zeiten hast du überhaupt keine Lust. Du wirst dich immer wieder zur Teilnahme zwingen müssen, und der wirkliche Spaß am Lernen kommt wahrscheinlich viel zu kurz. Ob du vor diesem Hintergrund jemals einen Urlaub in dem Land deiner Träume machst, ist völlig offen. Vielleicht erscheint dir die Sprache so schwer, dass du irgendwann ganz davon Abstand nimmst. Du denkst dir vielleicht, dass das zwar verlorene Zeit war, dass aber diese schwere Sprache einfach nichts für dich ist.

Du könntest aber auch ganz anders vorgehen. Du wählst einen Japanisch-Intensivkurs, der an fünf Tagen unter der Woche jeweils vier Stunden in Anspruch nimmt. Dieser Kurs läuft vier Wochen, in dieser Zeit vermittelt man dir die wichtigsten Grundkenntnisse in Wort und Schrift. Danach hast du die Chance, dich für einen anderen Kurs zu entscheiden und weiterzulernen oder aufzuhören, weil dir die Sprache doch nicht gefällt. Du verschaffst dir also den entsprechenden Freiraum in deinem Terminkalender und beginnst mit deinem Intensivkurs. Auch in diesem Kurs wird es Phasen geben, in denen dir das Lernen sehr leichtfällt. Du wirst voller Motivation an die Arbeit gehen und schon bald erste Schriftzeichen verstehen und erkennen. Genauso wirst du aber auch Zeiten erleben, in denen du überhaupt keine Lust zum Lernen hast. Du stellst keinen Fortschritt fest, du verwechselst die Zeichen, und auch mit der Aussprache will es nicht richtig funktionieren.

Da du schon weißt, dass es dein größter Fehler wäre, zu früh mit dem Lernen aufzuhören, bleibst du allerdings am Ball. Du beißt dich durch, auch wenn es etwas schwierig wird und verzeichnest bald die ersten Erfolge. Du bist klug genug, keine voreilige Entscheidung zu treffen, ob du nun aufhören sollst oder nicht. Schließlich weißt du, dass diese Entscheidung allenfalls emotional geprägt wäre und das ist in einer Phase großer Anstrengung natürlich kaum sinnvoll. Du machst den Kurs also zu Ende und beschließt, erst nach vier Wochen festzulegen, ob du nun weiter Japanisch lernen möchtest oder nicht. Nach Ablauf dieser vier Wochen entscheidest du in Ruhe, dass dir Japanisch immer noch gut gefällt und dass du trotz aller Schwierigkeiten weitermachst. Deine Entscheidung hast du gut durchdacht, du weißt, dass es sich um eine schwere Sprache handelt. Sie macht dir aber so viel Freude, dass du am Ball bleibst und nun zweimal pro Woche einen Abendkurs belegst. So baust du deine Sprachkenntnisse langsam aus und weißt bald genug, um einen Urlaub in Japan ins Auge zu fassen.

Siehst du den Unterschied zwischen den beiden Alternativen? Bei Variante 1 fehlt dir das greifbare Ziel, dass du den Sprachkurs zu einem festen Zeitpunkt mit einem greifbaren und messbaren Ergebnis beendest. Variante 2 ist hingegen so gestaltet, dass du dich für einen überschaubaren Zeitraum sehr anstrengst und diese Anstrengung auch nachhalten kannst, um dich danach anhand von fundierten Erfahrungen in Ruhe zu entscheiden. Du darfst sicher sein, dass dein Vorhaben bei Variante 2 von größerem Erfolg gekrönt ist als bei Variante 1. Das liegt zum einen daran, dass du bei Variante 2 jeden Tag lernst, und zum anderen daran, dass der Zeitraum deiner Anstrengung eben überschaubar ist.

Genauso gehst du vor, wenn du mehr Selbstvertrauen aufbauen willst – oder ganz konkret lernen willst, Nein zu sagen. Erinnerst du dich noch an alles das, was du im letzten Kapitel rund um deinen Schlachtplan vorbereitet hast? Du hast dir zum Beispiel überlegt, fremde Menschen auf der Straße anzusprechen. Du hast überlegt, dass du nach dem Weg fragen kannst oder die Uhrzeit in Erfahrung bringst. Wenn du schon recht mutig bist, nimmst du dir vielleicht vor, ein Mädchen anzusprechen oder Kontakt zu einem jungen Mann herzustellen. Wagst du dich sofort an deine eigentliche Herausforderung heran – das Neinsagen-Lernen! –, nimmst du dir sogar sofort vor, jeden Tag eine Bitte abzuschlagen und einmal pro Tag Nein zu sagen.

Auch hier gilt, dass du deine Pläne natürlich über einen längeren Zeitraum verfolgen kannst. Du kannst damit beginnen, deinen guten Vorsatz in die Tat umzusetzen. Nach einigen Tagen stellst du fest, wie schwer dir das fällt. Noch ein paar Tage später verlässt dich der Mut, weil du jemanden verärgert hast und mit dieser Person in Streit gerätst. Spätestens jetzt ist deine Motivation auf dem Tiefpunkt und du hörst auf, noch bevor deine Anstrengungen von Erfolg gekrönt sind.

Wie auch immer du mit der Umsetzung deiner Pläne beginnst – ob du also zuerst versuchst, fremde Menschen anzusprechen, um dadurch mehr Selbstvertrauen aufzubauen oder ob du sofort beginnst, Nein zu sagen –, bleibt dir überlassen. Wichtig ist aber auch hier, dass du den Zeitraum nicht unnötig in die Länge ziehst. Versuche nicht, gleich zu Anfang über einen Zeitraum von mehreren Monaten zu denken. Du darfst sicher sein, dass du daran scheiterst und dein Vorhaben nicht zu Ende bringst.

Viel sinnvoller ist es, dich wieder nur auf einen kurzen Zeitraum zu begrenzen. Nimm dir zum Beispiel vor, in den nächsten vier Wochen jeden Tag etwas für dein Selbstvertrauen zu tun. Sprich jeden Tag einen fremden Menschen an oder entgegne vier Wochen lang täglich auf eine Bitte ein souveränes Nein. Ganz wichtig ist, dass dieser Zeitraum für dich überschaubar ist. Du musst das Gefühl haben, dass du es schaffen kannst, und dabei musst du bereit sein, dich immer wieder zu kontrollieren. Das gelingt dir nur, wenn es sich um eine Phase handelt, die du von Beginn an überschauen kannst und in der du auch bereit bist, dein Bestes zu geben.

Der ideale Zeitraum liegt übrigens bei 30 Tagen! Das entspricht einem durchschnittlichen Monat, diese Länge ist kalkulierbar und beherrschbar. In diesen vier Wochen sollte dir nicht so viel an unerwarteten Dingen in die Quere kommen, dass du glaubst, dein Vorhaben vollständig aufgeben zu müssen. Ganz im Gegenteil sollte dich diese Phase leicht dazu anhalten, dich anzustrengen, um dein gestecktes Ziel zu erreichen. In diesen 30 Tagen kommst du mit großer Sicherheit gelegentlich an den Punkt, an dem du nicht mehr weitermachen möchtest. Du hast sicher Tage, an denen du alles aufgeben willst und deinen guten Vorsatz komplett vergisst. Gleichzeitig wirst du aber auch erleben, dass du dich wieder selbst motivierst und ehrgeizig genug bist, um am Ball zu bleiben. Obwohl dieser Zeitraum also so überschaubar ist, wirst du vermutlich mit sehr unterschiedlichen Gefühlen konfrontiert. Das ist normal und in Ordnung, aber du weißt eben auch immer, dass diese Zeit irgendwann absehbar vorüber ist.

Nimm dir also vor, vier Wochen lang an deinem Selbstvertrauen zu arbeiten und strenge dich in dieser Phase ruhig sehr an. Du wirst am Ende überrascht sein, dass diese Zeit vorbeigeht und dass es dir tatsächlich gelungen ist, dein Vorhaben Tag für Tag umzusetzen. Du kannst dich also vor dem Start schon auf deinen Erfolg freuen und am Ende stolz von dir behaupten, dass du deinen guten Vorsatz jeden Tag umgesetzt hast!

Nachdem dein Schlachtplan nun entwickelt ist und du auch den Zeitrahmen festgelegt hast, fehlt dir noch ein letzter Schritt: die Kontrolle. Sie ist genauso wichtig wie die Planung von Inhalt und Zeit, denn ohne Kontrolle siehst du nicht, ob du bisher erfolgreich warst oder dich noch mehr anstrengen musst. Wie wichtig regelmäßige Kontrolle für deinen Erfolg ist, erfährst du im nächsten Abschnitt.

5.3   Jeder Schritt will kontrolliert werden

Du hast es sicher schon einmal selbst erlebt – du planst ein längeres Projekt, du definierst die Maßnahmen, du gehst voller Elan an die Arbeit. Nach zwei bis drei Wochen stellst du fest, dass keine Fortschritte festzustellen sind. Du bist nicht so weit gekommen, wie du wolltest, der gewünschte Erfolg scheint dir meilenweit entfernt zu sein. Doch was ist passiert? Und wie kannst du das in Zukunft verhindern? Vermutlich hast du einen ganz wichtigen Faktor für deinen Erfolg übersehen: Du hast zwar die nötigen Schritte für die Umsetzung festgehalten, doch du hast nicht überprüft, ob sie tatsächlich durchgeführt wurden. Somit hast du auch keine Maßnahmen für die Steuerung vorgesehen, wenn die Umsetzung nicht nach der Planung erfolgte. Du hast also dein Projekt begonnen, hast aber keine Erfolgskontrolle vorgenommen. Schon der Volksmund weiß, dass Vertrauen zwar gut ist, dass Kontrolle aber noch besser ist. Wie also könntest du deinen Erfolg kontrollieren? Und was ist zu tun, wenn deine Planung nicht wie gedacht umgesetzt wird?

Jeder erfahrene Projektmanager kennt die Herausforderung: Das Projekt ist optimal angelaufen, alle Beteiligten wissen, was sie zu tun haben und wann ihr Einsatz gefragt ist. Trotzdem stellt man etwa auf der Hälfte des Weges fest, dass die Planung völlig aus dem Ruder läuft und dass der ursprüngliche Zeitplan nicht mehr zu halten ist. Wenn man einschlägigen Studien glauben darf, scheitern etwa 75 Prozent der Projekte[16]. Sie werden teurer als ursprünglich geplant, sie dauern viel länger als gedacht, oder sie müssen am Ende sogar ganz eingestellt werden. Die Liste der Beispiele für Projekte, die die Öffentlichkeit und den Steuerzahler über Gebühr belasten, ohne zum Erfolg zu führen, lässt sich nahezu beliebig verlängern. Das ist nicht nur ärgerlich, weil die Verantwortlichen immer wieder in den Medien auftauchen und mit wenig schmeichelhaften Worten vorgeführt werden. Schaut man sich die Verschwendung der finanziellen Mittel an, die mit dem Scheitern solcher Großprojekte fast immer verbunden sind, wird nicht nur der Steuerzahler blass vor Zorn. Ein häufiger Grund, dass Projekte aller Art unabhängig vom finanziellen Volumen scheitern, liegt sehr häufig in der fehlenden Kontrolle[17]. Ein effektives Projektmanagement mit der nötigen Steuerung ist so etwas wie ein Geheimrezept von erfolgreichen Projekten, das immer wieder unterschätzt wird.

Du selbst kannst dich bei deinem Vorhaben, dir mehr Selbstvertrauen anzueignen, durchaus an den Methoden des modernen Projektmanagements orientieren. Im Prinzip ist dein Vorhaben nämlich vergleichbar mit einem Projekt. Du nimmst dir für einen fest definierten Zeitraum von – wie du im letzten Kapitel gelernt hast! – vier Wochen etwas vor. Du planst die Maßnahmen, indem du jeden Tag eine fremde Person ansprechen willst oder sogar täglich eine Bitte ablehnen wirst und souverän Nein sagen wirst. Damit erfüllt dein Vorhaben wichtige Kriterien, die du auch bei einem Projekt findest. Warum also solltest du dir nicht ein ganz wichtiges Instrument zu Hilfe nehmen, um deinen Erfolg zu festigen? Nutze also die Erfahrung, die langjährige Projektmanager im Schlaf beherrschen, und kröne deinen ausgearbeiteten Schlachtplan über den Zeitraum von vier Wochen mit einer klugen und transparenten Kontrolle deines Fortschritts! Deine Erfolgschancen werden damit um ein Vielfaches steigen und du kannst schon heute fast sicher sein, dass du dein Ziel mit hoher Sicherheit erreichst! Doch wie gehst du bei der Kontrolle der einzelnen Schritte am besten vor? Die wichtigste Empfehlung lautet: Deine Planung muss mit allen Maßnahmen und dem Zeitpunkt der Umsetzung schriftlich dokumentiert werden. Deiner Planung stellst du dann den Zeitpunkt der tatsächlichen Erledigung gegenüber – ebenfalls schriftlich natürlich. So schaffst du maximale Transparenz und siehst absolut objektiv, ob du noch auf der richtigen Spur bist oder ob du nachjustieren musst. Doch was heißt das für dich?

Natürlich musst du bei deinem Vorhaben keine akribisch vorbereitete Projektplanung aufsetzen, unzählige Maßnahmen mit ihrem Zeitpunkt durchplanen und dann einen Soll-Ist-Vergleich durchführen. Das kannst du problemlos den Profis überlassen, die ein großes und teures Projekt erfolgreich zum Abschluss bringen wollen. Trotzdem kannst du verschiedene Tools aus dem professionellen Projektmanagement ausleihen und für deine Zwecke anpassen. Sie dürfen natürlich etwas leichter verständlich sein und sie müssen auch nicht mit einer standardisierten IT-Software umgesetzt werden. Du darfst für deine Zwecke durchaus pragmatischer vorgehen und es dir ein bisschen einfacher machen.

Im Prinzip musst du lediglich einen Weg finden, um den Erfolg deines sorgfältig ausgeklügelten Schlachtplans schwarz auf weiß und in leicht verständlicher Form zu dokumentieren. Je einfacher dein Tool, desto weniger Aufwand hast du damit und desto leichter fällt es dir, Tag für Tag an deinem Ziel zu arbeiten. Ist der Erfolg dokumentiert, wird dich das noch stärker motivieren, am Ball zu bleiben. Hast du an einem Tag einen Misserfolg zu verbuchen, kannst du sofort gegensteuern und Maßnahmen ergreifen, damit das nicht wieder passiert. So steuerst du deinen Erfolg täglich und kannst gut nachhalten, ob du auf dem richtigen Weg bist oder ob noch Korrekturen erforderlich sind.

Selbstverständlich kannst du deine tägliche Erfolgskontrolle mit Hilfe eines IT-Tools vornehmen. Wenn dir das Spaß macht, kannst du zum Beispiel eine passende App auf dein Handy oder dein Tablet laden und deine durchgeführten Maßnahmen dort eintragen. Wenn du nicht gerne digital arbeitest, gibt es natürlich auch eine passende analoge Variante. Dazu nutzt du einfach den guten alten Bleistift oder einen

Kugelschreiber mit einem Stück Papier. Welche Alternative dir am besten gefällt, kannst du dir selbst aussuchen. Wichtig ist nur, dass es sich um eine einfache Variante handelt, die du jeden Tag verfolgst und bei der du am Ball bleibst.

Vielleicht kommt es dir merkwürdig vor, dass du dich selbst auf diese Art und Weise überwachen sollst. Schließlich passiert es nicht jeden Tag, dass sich jemand selbst kontrolliert. Du könntest dabei also das eine oder andere Mal versucht sein, deinen Erfolg etwas zu beschönigen und Maßnahmen einzutragen, die du gar nicht vorgenommen hast. Versuche unbedingt, diesem Drang zu widerstehen. Du schadest dir nur selbst damit, wenn du dich selbst belügst, denn schließlich geht es ja darum, dass du mehr Selbstvertrauen aufbaust und lernst, endlich Nein zu sagen. Es dürfte dich selbst also nicht weiterführen, wenn du dir etwas vormachst und einen Tag als erfolgreich anstreichst, an dem du nichts dafür getan hast, dein Ziel zu erreichen. Widerstehe also dieser Versuchung und trage nur dann einen Erfolg ein, wenn du ihn wirklich zu verbuchen hast. So verschaffst du dir selbst Transparenz über dein Handeln und kannst jederzeit nachjustieren, wenn es deiner Ansicht nach nötig ist, um dein Ziel zu erreichen.

Du hast nun viel über die optimale Planung und den richtigen Zeitrahmen gelernt. Du weißt, wie wichtig es ist, die Umsetzung deiner Planung regelmäßig zu kontrollieren, damit du bei Bedarf korrigieren kannst. Du hast verstanden, dass die Erfolgskontrolle eine wichtige Voraussetzung dafür ist, dass du dein Ziel, Nein sagen zu lernen, zuverlässig innerhalb der nächsten 30 Tage erreichst.

Damit hast du das gesamte Handwerkszeug, das du brauchst, um mit hoher Sicherheit ans Ziel zu kommen. Im nächsten

Kapitel stelle ich dir ein perfektes Tool vor, das dir in der Praxis dabei hilft, innerhalb von 30 Tagen Nein sagen zu lernen. Es ist so etwas wie der ultimative Tipp, den ich dir vorstelle, denn dieses Werkzeug gibt dir maximale Transparenz und zeigt dir mit ganz wenig Aufwand jeden Tag schwarz auf weiß und absolut unbestechlich, ob du auf dem richtigen Weg bist!

5.4   Zusammenfassung

Bevor ich dir das perfekte Werkzeug für die Umsetzung deiner Ziele in die Praxis vorstelle, fasse ich hier noch einmal zusammen, was wir in diesem Kapitel besprochen haben. Du findest hier die wichtigsten Grundlagen dafür, wie du deine Ziele in die Praxis überträgst. Wichtig zu wissen ist, dass du diese Grundlagen bei jedem Vorhaben anwenden kannst! Es spielt also keine Rolle, ob du mehr Selbstvertrauen aufbauen willst, indem du zum Beispiel fremde Leute auf der Straße ansprichst oder deinen Kollegen und Freunden gelegentlich einen Wunsch abschlägst. Du kannst dir jedes beliebige Ziel vornehmen und jede gewünschte Änderung in deinem Leben anvisieren. Ganz gleich, ob du eine neue Sportart lernen willst, ob du an deiner Persönlichkeit arbeiten willst, ob du dir das Rauchen abgewöhnen willst oder ob du versuchst, dich gesund zu ernähren. Das Prinzip und die theoretischen Grundlagen sind in jedem Fall gleich, so dass du sie für jedes beliebige Vorhaben nutzen kannst. Auch das Tool, das ich dir im folgenden Kapitel vorstelle, ist übrigens so flexibel einsetzbar! Es lohnt sich also, diese Grundlagen zu verstehen und die Anwendung des Tools zu lernen, denn sie sind deine optimalen Begleiter, wenn du etwas in deinem Leben verändern willst. Was also hast du auf den letzten Seiten gelernt?

Zuerst habe ich dir erläutert, wie wichtig die Planung als Basis deines Projekts ist. Hier legst du fest, was du überhaupt vorhast und welche Maßnahmen du treffen willst. Sie entsprechen in gewisser Hinsicht deinem Schlachtplan und sind deshalb ganz besonders wichtig. In unserem Beispiel haben wir festgehalten, dass du jeden Tag eine fremde Person ansprechen willst, um mehr Selbstvertrauen aufzubauen. Wenn du Herausforderungen magst, kannst du den Stier auch direkt bei den Hörnern packen und dir vornehmen, zukünftig die kleinen und großen Bitten aus der Familie, von deinen Freunden und Bekannten und von deinen Kollegen abzulehnen. Das verlangt natürlich enorm viel Selbstvertrauen, aber vergiss nicht – genau das war ja dein erklärtes Ziel! Es liegt also in gewisser Hinsicht an dir, ob du dir vornimmst, über einen kleinen Umweg mehr Selbstbewusstsein zu gewinnen oder ob du dich gleich Hals über Kopf auf deine große Herausforderung stürzt.

Sobald dein Schlachtplan steht und du deine Maßnahmen definiert hast, geht es um den Zeitraum. Du könntest dein neues Verhalten nun über viele Monate üben und in der Praxis anwenden. Wahrscheinlich bist du schon nach ein paar Tagen weniger motiviert, um nach ein bis zwei Wochen wieder in dein altes Verhaltensmuster zu verfallen und alle guten Vorsätze über Bord zu werfen. Das ist völlig normal, wenn jemand etwas an seinem Verhalten ändern will, denn über einen langen und unbegrenzten Zeitraum sinkt schon bald die Motivation, so dass du dein Ziel am Ende leider doch nicht erreichst. Viel besser ist es, über einen begrenzten Zeitraum an dir zu arbeiten. Optimal sind vier Wochen, denn in dieser Zeit bleiben dir genügend Gelegenheiten, dein Verhalten zu verbessern und zu korrigieren. Wahrscheinlich hast du in diesen vier Wochen regelmäßig das Gefühl, dass du alles hinwerfen möchtest und einfach nicht mehr weitermachen willst. Das ist in Ordnung, aber trotzdem solltest du dich unbedingt aufraffen und am Ball bleiben. Wenn du dich selbst motivierst und positiv nach vorne schaust, wirst du feststellen, dass du das gefürchtete Tal der Tränen bald durchschreitest und das gute Gefühl hast, dass du am Ende doch erfolgreich bist. Über einen begrenzten Zeitraum von vier Wochen wirst du auch das eine oder andere Tief ganz gut überstehen. Nach diesen vier Wochen entscheidest du dann vielleicht in Ruhe, ob dein neues Verhalten zu dir passt und ob du es beibehalten willst oder ob du doch noch einmal nachschärfst und etwas änderst. Nach Ablauf dieser vier Wochen bist du aber in der Lage, deine Entscheidung rational zu treffen und nicht mehr emotional.

Nachdem du deinen Schlachtplan entwickelt hast und den Zeitraum definiert hast, fängst du mit deinem neuen Verhalten an. In dieser Phase ist es wichtig, dich zu kontrollieren. Du brauchst absolute Transparenz, ob du deinen Plan eingehalten hast oder ob du nachschärfen musst. Dein Tool muss einfach zu bedienen sein und du musst es jederzeit im Zugriff haben. Diese Kontrolle ist wichtig, denn wenn du nicht ganz eindeutig nachvollziehst, an welchen Tagen du dich richtig verhalten hast und wann nicht, bist du kaum in der Lage, langfristig an deinem Verhalten zu arbeiten. Wie das optimale Tool dazu aussieht, erfährst du im nächsten Kapitel.

5.5   Was du jetzt sofort tun kannst

Am Ende dieses Kapitels habe ich noch ein kleines Highlight für dich! Erinnere dich an dein ursprüngliches Ziel: Du möchtest in 30 Tagen lernen, Nein zu sagen und selbstbewusster aufzutreten. Dazu musst du lediglich folgende Aufgaben der Reihe nach erledigen:

1. Überlege dir, welche Herausforderung du jeden Tag meistern willst, um dein Selbstvertrauen zu stärken.
2. Halte diese Herausforderung schriftlich fest und plane sie die nächsten 30 Tage täglich fest ein.
3. Erledige diese Herausforderung und dokumentiere deinen Erfolg schriftlich.

Du wirst sehen, dass du nach 30 Tagen viel selbstbewusster bist, als du heute für möglich hältst.

6   Wie sieht das optimale Tool aus?

Das perfekte Werkzeug für die Umsetzung deines ganz persönlichen Projekts muss leicht zu bedienen sein. Es soll dir objektiv aufzeigen, wo du schon gut unterwegs bist und wo noch akuter Handlungsbedarf besteht. Vor allem aber soll es dir Spaß machen, dein Vorhaben weiter zu verfolgen, selbst wenn es einmal schwierig wird. Doch wie sieht dieses perfekte Tool aus?

Grundsätzlich hast du die Wahl zwischen einem digitalen und einem ganz klassischen Tool. Wenn du dich auf die Suche machst nach einem digitalen Tool wie einem Softwareprogramm oder einer App für dein Smartphone oder dein Tablet, findest du mit Sicherheit viele ansprechende Vorschläge. Wichtig ist, dass du deine geplanten Schritte in deiner App dokumentieren kannst und darin eintragen kannst, ob du heute erfolgreich warst oder nicht. Dein Maßnahmenplan muss also mit einer Spalte oder einem Symbol versehen sein, dass dir ein »Erledigt« anzeigt. Am besten ist dieses Symbol plakativ und sofort verständlich, und je größer und ansprechender es ist, desto eher wird es dich motivieren, am Ball zu bleiben.

Genau hier liegt auch der größte Nachteil von digitalen Tools aller Art. Du hast eine solche App auf dem Smartphone zwar ständig dabei, aber du siehst sie eben nicht permanent. Zwar schauen wir alle mehr oder weniger ununterbrochen auf unser Handy, doch dabei steht natürlich die App für eine Projektverfolgung nicht so sehr im Vordergrund. Anders formuliert – im Lauf des Tages wird dein Vorhaben durchaus in den Hintergrund geraten, weil du die App eben nicht ständig im Blickfeld hast. Sie kann noch so schön und optisch ansprechend aufgemacht sein, doch wenn du sie nicht immer vor Augen hast, erinnert sie dich leider auch nicht an dein Projekt. So kann es dann schnell passieren, dass du eben doch einen Tag lang nicht so kontinuierlich am Ball bleibst, wie es eigentlich sein sollte. Deshalb ist eine digitale Lösung für die Verfolgung deines Vorhabens häufig doch nicht so empfehlenswert. Doch es gibt zum Glück eine Alternative, die diese Nachteile umgeht und die deshalb für die meisten Menschen besser geeignet ist. Papier und Stift – also sehr analoge Hilfsmittel! – stehen dabei im Mittelpunkt. Sie sind so etwas wie deine Geheimwaffe im Kampf um mehr Selbstvertrauen und darum, endlich Nein sagen zu lernen!

6.1 Papier und Bleistift als ständige Begleiter

Du bist es gewohnt, dein Smartphone ständig in der Hand zu halten, weil du Angst hast, etwas zu verpassen? Du arbeitest kaum mit Papier und Bleistift, mit Kugelschreiber oder mit Filzschreiber, weil dir das zu lästig ist? Außerdem hast du diese Arbeitsmaterialien nicht immer bei dir, während du das Handy immer in der Tasche bei dir führst? Dann muss ich dir sagen – du wirst dich ein wenig umstellen müssen! Natürlich darfst du dein Handy nach wie vor bei jeder Gelegenheit in die Hand nehmen und einen Blick darauf werfen. Du darfst auch deine geliebten Apps verwenden, die dir im Alltag so nützliche Helfer sind. Deine Erfolgskontrolle machst du aber trotzdem bitte mit den vielleicht sehr gewöhnungsbedürftigen Hilfsmitteln Papier und Bleistift, wobei dein Bleistift gerne auch ein Kugelschreiber oder ein Filzstift sein darf. Wichtig ist allerdings die Farbe – denn sie sollte unbedingt leuchtend grün sein, so dass du die Schrift schon aus der Ferne gut erkennst. Warum das so sein soll, erfährst du später.

Du ahnst sicher schon, dass diese beiden Arbeitsmittel einen besonderen Grund haben. Du musst deinen Erfolg täglich vor Augen haben und in jeder Sekunde deutlich daran erinnert werden, dass du heute dein Ziel schon erfüllt hast. Sollte das noch nicht der Fall sein, ist es noch viel wichtiger, dass du daran erinnert wirst, denn dann musst du eben noch etwas tun!

Wenn du nun glaubst, dass du dich nicht an die old-fashioned Arbeitsmittel gewöhnen kannst, muss ich dich enttäuschen! Generationen von Projekt- und Teamleitern haben in der Vergangenheit mit Papier und Bleistift gearbeitet und waren dabei äußerst erfolgreich! Der große Vorteil dieser analogen Hilfsmittel liegt im wahrsten Sinn des Wortes in deiner Hand – du musst sie anfassen und hast sie permanent vor Augen! Vergiss nicht, dass dein Vorhaben so wichtig ist, dass du jede Sekunde des Tages dafür verwenden sollst, daran zu arbeiten. Das funktioniert aber nur, wenn du wirklich ständig daran erinnert wirst und nicht eine Minute lang abgelenkt bist! Verlierst du dein Ziel nämlich erst einmal aus den Augen, ist die Gefahr sehr groß, dass du nachlässig wirst und nicht mehr daran glaubst. Spätestens dann ist die Basis für deinen Misserfolg gelegt.

Gewöhne dich deshalb von Anfang an daran, analog zu arbeiten – mindestens bis deine neuen Gewohnheiten ein fester Bestandteil deines Alltags sind. Natürlich musst du nun nicht dein ganzes Leben lang mit Papier und Bleistift arbeiten. Wichtig ist aber, dass du in den 30 Tagen, in denen du konzentriert an deinem Selbstbewusstsein arbeitest, unbedingt auf diese Hilfsmittel vertraust. Mit ihrer Hilfe hast du schon bald eine eindeutige Übersicht, ob du auf einem guten Weg bist.

Vielleicht macht es dir nach ein paar Tagen sogar richtig Spaß, einen Nachweis für deinen Erfolg in der Hand zu halten, den du in digitaler Form natürlich nicht hast. Stell dir gerne einmal vor, wie du dich fühlst, wenn du nach ein oder zwei Wochen den Beweis in den Händen hältst, dass du auf einem guten Weg bist. Du wirst sehen, dass du dich gleich viel besser fühlst und dass es dir noch mehr Freude machen wird, an deinen Zielen zu arbeiten. So sind deine analogen Hilfsmittel so etwas wie ein zusätzlicher Ansporn für dich, deine Pläne mit Ehrgeiz zu verfolgen und am Ball zu bleiben. Du stellst vermutlich bald fest, dass du gar keine Freude mehr daran hast, alles nur noch digital zu erledigen, weil der gute alte Bleistift mit einem Stück Papier mit so wenig Aufwand für Transparenz sorgt. Was du mit deinen beiden Werkzeugen tun musst, erfährst du im nächsten Kapitel. Hier lernst du, wie dein Tool im Alltag aussieht.

6.2 Warum ein Kalender für dich in Zukunft unverzichtbar ist

Wie du aus dem letzten Absatz weißt, sollst du für eine Weile mit Papier und Bleistift arbeiten. Der Einsatz dieser beiden Hilfsmittel legt nahe, dass du etwas eintragen sollst. Und tatsächlich wird dein Erfolg maßgeblich davon bestimmt, dass du jeden Tag an deinen Zielen arbeitest und diese Bemühungen auch auf einem Kalender einträgst!

Bereite dir also einen Kalender für den nächsten Monat vor. Trage jeden einzelnen Tag auf einer Zeitleiste ab, gib das Datum und gerne auch den Wochentag an. Wenn du künstlerisch begabt bist, kannst du dein selbstgemachtes Kalenderblatt nach Belieben verzieren und mit Farbe ausgestalten.

Wichtig ist aber nur, dass jeder Tag des Monats mit dem Datum aufgeführt ist und dass du genügend Platz für deine Eintragungen hast. Am besten gelingt dir das, wenn jeder einzelne Tag in Form eines Kästchens aufgemalt ist. Vielleicht beginnst du in der ersten Reihe mit den ersten sieben Tagen, in der zweiten Reihe führst du die zweite Woche auf, in der dritten Reihe die dritte Woche und so weiter.

Falls du selbst nicht kreativ werden willst, kannst du dir auch ein Blatt aus einem herkömmlichen Kalender herausreißen, wie du ihn überall im Handel bekommst. Achte aber darauf, dass auf deinem Blatt der gesamte Monat angezeigt ist. Du musst jeden einzelnen Tag sehen und dort eine Eintragung machen können. So hast du jederzeit den optimalen Überblick und bist immer im Bilde, ob du dein Ziel heute schon erreicht hast oder noch nicht.

Natürlich könntest du auch hier digital arbeiten und eine App mit einem Kalender nutzen. Wie du aber aus dem letzten Kapitel schon weißt, wirkt eine App niemals so plakativ wie ein normales Stück Papier. Deshalb solltest du bei deinem Kalenderblatt eben auf ein analoges Hilfsmittel zurückgreifen und das Handy mit der App ausnahmsweise aus den Händen legen.

Für den zusätzlichen Kick an Motivation wirkt vielleicht ein hübscher Kalender mit deinem Lieblingsmotiv. Das kann zum Beispiel ein schöner Sonnenuntergang oder ein Foto von deinem Lieblingsurlaubsort sein. Magst du Tiere besonders gerne, ist ein Kalender mit Katzen-, Hunde- oder Pferde-bildern eine hübsche Wahl. Vielleicht findest du bei deiner Suche einen schönen Kalender, der dir gut gefällt und der dich mit seinen hübschen Bildern anspricht und sogar ein bisschen zu deiner Persönlichkeit passt.

Noch individueller ist ein Kalender natürlich, wenn du ihn selbst künstlerisch gestaltest und malst oder sonst irgendwie verschönerst. Wenn du nun aber gar kein kreatives Gespür hast, ist das auch nicht schlimm. In diesem Fall zeichnest du ein großes Quadrat auf ein Blatt Papier und teilst es in 30 oder 31 Kästchen für jeden Tag des Monats ein. Schreibe das Datum des aktuellen Tages in das Kästchen. Achte darauf, dass jedes Kästchen genügend Raum lässt für deine Aufzeichnungen. Das Stück Papier sollte also mindestens im Format DIN A4 sein, es kann aber gerne auch größer sein. Ob du deinen persönlichen Kalender zum Schutz laminieren möchtest, bleibt dir überlassen. Auf einer laminierten Oberfläche kannst du mit einem abwischbaren Filzstift eigene Eintragungen machen, die du später wieder abwischst. So kannst du deinen Kalender in mehreren Monaten hintereinander verwenden. Wichtig ist dann nur, dass du lediglich das Datum in die kleinen Kästchen einträgst und den Tag weglässt. Einen solchen Kalender kannst du für viele Monate verwenden und hast dann ein Hilfsmittel in der Hand, das dir längere Zeit dabei hilft, an deinen Zielen zu arbeiten.

Wie dein 30-Tage-Kalender am Ende aussieht, bleibt ein bisschen dir überlassen. Wichtig ist, dass genügend Raum zum Eintragen bleibt und dass du gerne mit ihm arbeitest. Denke daran, dass er für dich zu einem sehr wichtigen Zubehör wird, das dich längere Zeit Tag für Tag begleitet. Deshalb darf er durchaus ansprechend aussehen und so gestaltet sein, dass er perfekt zu dir passt.

6.3 Ein grüner Haken ist dein Schlüssel zum Erfolg

Du kennst jetzt die wichtigsten Werkzeuge, die dir dabei helfen, dein Ziel innerhalb von 30 Tagen zu erreichen. Jetzt musst du sie nur noch zu einem Tool zusammenfügen, das dir deinen Fortschritt Tag für Tag vor Augen führt. Das ist gar nicht so schwer, wie es sich anhört, denn aus einem Stift mit grüner Farbe und einem Stück Papier mit einem großen Kalender ergibt sich ein hervorragender 30-Tage-Feedback-Kalender! Er macht dir jeden Tag sehr plakativ und unmissverständlich klar, ob du dein Ziel erreicht hast – oder nicht. Doch wie funktioniert dieses einfache und doch sehr wirksame Tool in der Praxis?

Aus dem letzten Kapitel weißt du schon, dass du dir einen großen Kalender auf einem Stück Papier aufzeichnen sollst. Er besteht am besten aus 30 Tagen, jeder Tag ist mit Datum versehen und hat genügend Platz für deine Eintragungen.

Zuvor hast du deinen Schlachtplan definiert. Du hast festgelegt, ob du in den nächsten 30 Tagen jeden Tag eine fremde Person auf der Straße ansprechen willst. Du hast definiert, ob du täglich eine kleine Präsentation halten möchtest. Vielleicht traust du dich sogar sofort an die ganz große Herausforderung und beschließt, dass du jeden Tag die Bitte eines Kollegen, eines Freundes oder eines Bekannten ablehnen willst – also Nein sagen willst! Wie auch immer du deine erste Maßnahme definierst – jetzt wird es ernst, denn die Umsetzung in der Praxis steht endlich an!

Wähle dir für deinen Start einen beliebigen Tag aus. Der Wochenbeginn am Montag ist natürlich immer gut geeignet, auch der erste Tag eines Monats bietet sich an. Du musst aber auf keinen Fall so lange warten, denn im Prinzip kannst du morgen schon beginnen! Da du jetzt vermutlich noch voller Motivation steckst, solltest du keine Zeit verlieren und den Schwung deiner ersten Begeisterung unbedingt nutzen. Am besten fängst du deshalb gleich am nächsten Tag an.

Du sprichst also eine fremde Person auf der Straße an – oder du sagst deinem Kollegen, dass du leider keine Zeit hast, seine Präsentation noch einmal zu korrigieren. Das war's! Mehr musst du gar nicht machen! Weil du deinen Erfolg aber unbedingt vor dir sehen willst, kommt jetzt der Clou – du hältst ihn mit einem großen Haken in leuchtend grüner Schrift auf deinem Kalender fest! Jetzt darfst du diesen leuchtend grünen Haken – er steht für ein plakatives »Erledigt«! – ausführlich bewundern und dich selbst dafür feiern, dass du das wichtigste Ziel des heutigen Tages schon erreicht hast! Ich bin sicher, du bist von deinem Erfolg so begeistert, dass du gleich weitermachen willst. Aber immer mit der Ruhe, denn morgen ist auch noch ein Tag – an dem du die gleiche Aufgabe natürlich wieder mit Begeisterung durchführst, um den Tag danach mit einem grünen Haken im Kalender zu kennzeichnen.

Jetzt gehst du Tag für Tag genau so vor. Du führst jeden Tag genau diese eine Aufgabe aus, die du dir vorgenommen hast und kennzeichnest diesen Tag dann in deinem Kalender. Ganz langsam füllt sich die erste Reihe auf deinem Blatt und daran siehst du genau, dass du die erste Woche geschafft hast. Wenn du das Formular für deinen Kalender nämlich geschickt gestaltet hast, entspricht eine Siebentagewoche genau der ersten Reihe. Während du also jeden Tag einen leuchtend grünen Haken in die Kästchen malst, merkst du wahrscheinlich schon, dass du mit jedem Tag etwas zufriedener wirst.

Mehr noch – du spürst, dass die Motivation zunimmt, denn je weiter du kommst, desto eher siehst du anhand des leuchtend grünen »Erledigt«-Zeichens auch, was du schon geschafft hast! Der grüne Haken ist also das begehrte Symbol, das du nun jeden Tag in deinem Kalender sehen willst. Er gibt dir ein direktes und gut verständliches Feedback zu deiner Leistung, so dass daran nichts zu deuten ist. Jeder Blick auf deinen Kalender zeigt dir in Zukunft, ob du für heute schon auf einem guten Weg warst oder ob du dich noch aufraffen musst und einmal aktiv werden musst. Diese direkte Rückmeldung ist für dich ein ganz wichtiges Geheimnis deines Erfolgs, denn du weißt eben sofort, dass du noch etwas tun musst – oder dich für heute schon entspannt zurücklehnen kannst.

Damit dient der grüne Haken auch deiner Motivation, denn er wird dich den gesamten Monat Tag für Tag begleiten. Wahrscheinlich träumst du sogar das eine oder andere Mal davon, dass du dieses gefragte Symbol am vergangenen Tag leider nur schwer erreicht hast und dass du dich besonders anstrengen musstest. Ausreden gibt es übrigens keine, wie du dir selbst vermutlich schon gedacht hast. Stellst du also am Nachmittag fest, dass dir für heute noch ein grünes Symbol fehlt, musst du noch einmal vor die Haustür oder Kontakt zu deinen Freunden und Kollegen aufnehmen oder auf eine andere Art und Weise dafür sorgen, dass du dein Ziel heute erreichst. Gelegentlich mag dir das durchaus schwerfallen, so dass du kaum weißt, wie du dich motivieren sollst. Für solche Notfälle habe ich übrigens auf meiner Webseite https://chris-ley.de/ ein paar sehr hilfreiche Tipps und Tricks für dich zusammengestellt, die dir durch das gefürchtete Motivationstief hindurchhelfen.

Der grüne »Erledigt«-Haken ist auch deshalb so begehrt, weil er dein Antrieb ist, den du jeden Tag erleben willst. Du glaubst gar nicht, wie befriedigend es ist, wenn du das Symbol einmal gesetzt hast! Das Gefühl von Erleichterung und Stolz kann für dich der perfekte Antreiber sein, der dich über einen längeren Zeitraum dazu anhält, am Ball zu bleiben. Denn leider musst du natürlich von Zeit zu Zeit damit rechnen, dass du doch einmal einen Durchhänger hast und die ganze Sache aufgeben willst. Die Gefahr ist besonders groß, wenn du einem Freund oder einem Kollegen eine Bitte abgeschlagen hast und dieser dann ungehalten reagiert. In dieser Situation mag es dir schwerfallen, am nächsten Tag wieder mit der gleichen Motivation ans Werk zu gehen, weil du wieder mit Ärger rechnest. Denke in diesem Fall unbedingt an den gefragten grünen Haken für den nächsten Tag – und an das befreiende Gefühl, wenn du ihn setzen konntest! Das Symbol soll dich vor allem durch Phasen tragen, in denen du gerade nicht besonders gut gelaunt bist, weil die Dinge vielleicht gerade ein wenig anders laufen, als du es wolltest.

Dein 30-Tage-Feedback-Kalender mit dem grünen Haken vom ersten bis zum letzten Tag des Monats ist also das wichtigste Werkzeug für dich auf deinem Weg zu mehr Selbstvertrauen – und auf deinem Weg, endlich Nein sagen zu lernen. Mit diesem Werkzeug kannst du hervorragend arbeiten, es begleitet dich jeden Tag im Alltag und ist deshalb so etwas wie dein ständiger Begleiter. Doch was passiert eigentlich, wenn du den ersten Monat überstanden hast? Was ist zu tun, wenn du wirklich jeden Tag etwas für dein Selbstvertrauen getan hast oder sogar konsequent einmal am Tag Nein gesagt hast?

Du erinnerst dich sicher noch an den Zeitstrahl aus Kapitel 4.2. Du weißt, dass dich vor allem kleine Schritte zum Erfolg führen. Nimm einmal an, du hast dein Selbstvertrauen auf diesem Zeitstrahl bei minus 3 eingeordnet. Du bist also deiner eigenen Einschätzung nach kein ganz und gar verlorener Fall, aber du hast durchaus eine Menge Optimierungspotenzial. Du hast einen Monat lang jeden Tag an deinem Selbstvertrauen gearbeitet – und du siehst anhand deines Kalenders mit den grünen Haken, dass du erfolgreich warst! Was glaubst du, wie sich das auf dein Selbstvertrauen auswirkt? Du darfst sicher sein, dass du sehr stolz auf dich bist, denn du hast dein Projekt über 30 Tage durchgehalten und jeden Tag etwas für dein Selbstvertrauen getan. Überlege dir jetzt einmal, wo du dich nun auf diesem Zeitstrahl einordnen würdest! Gibst du dir eine minus 2 oder sogar eine neutrale Null? Oder glaubst du, dass du sogar schon im positiven Bereich bei plus 1 zu finden bist? Natürlich hängt es ein wenig von deiner eigenen Einschätzung ab, wo du dich jetzt selbst siehst. Es gibt hier keine richtige oder falsche Meinung, nur deine eigene Beurteilung der Lage zählt. Natürlich kommst du noch nicht auf den Höchstwert, das wäre nach einem Monat auch sicherlich nicht realistisch. Das wiederum muss auch gar nicht sein, denn wie du ja schon weißt, bringen dich eben die kleinen Erfolge am Ende ans Ziel. Überlege dir nur für einen kurzen Augenblick, wie unglaublich motivierend es für dich sein wird, wenn du den Zeitstrahl betrachtest und dich darauf irgendwo rechts von deinem alten Wert einsortierst. Denn eine Sache ist sicher – du wirst natürlich besser sein als noch beim letzten Mal, du hast ja schließlich an dir gearbeitet und warst erfolgreich! Dieses Gefühl wird dir so viel Mut machen und dich so begeistern, dass du am liebsten sofort weitermachen willst und den nächsten Monat startest.

Genau in dieser Motivation liegt nun ein weiterer Erfolgsfaktor für dich! Du kannst sehr stolz auf dich sein, dass du den ersten Monat so konsequent hinter dich gebracht hast. Aber du ahnst schon – das reicht noch nicht! Schließlich möchtest du auf dem Zeitstrahl noch etwas weiter nach rechts rücken und noch viel mehr Selbstvertrauen gewinnen. Also heißt es, das System aus dem ersten Monat noch einmal anzuwenden! Bereite dir also einen weiteren 30-Tage-Feedback-Kalender vor und setze deine Arbeit an dir selbst fort. Am besten machst du gar keine Pause, denn jede Pause könnte dich davon abhalten, deinen Weg weiterzugehen. Leider ist der menschliche Geist durchaus von Zeit zu Zeit recht bequem, und wenn du erst einmal aufgehört hast, kann es leicht passieren, dass du nicht wieder mit deinen Bemühungen beginnst. Das wäre schade und würde dazu führen, dass du wieder etwas weiter nach links rückst auf der Skala deiner persönlichen Einschätzung. Deshalb solltest du die Gunst der Stunde und deinen Schwung nutzen, um am Ball zu bleiben und den nächsten Monat ohne Pause zu starten.

Was du dir in diesem zweiten Monat vornimmst, hängt ein bisschen von deinem Erfolg im ersten Monat ab. Hast du im ersten Monat fremde Menschen auf der Straße angesprochen, kannst du im zweiten Monat Tag für Tag einen Kollegen in deiner Firma ansprechen, den du noch nicht kennst. Vielleicht entscheidest du dich aber auch, jeden Tag eine kurze Präsentation in deiner Firma zu halten oder in einem Meeting deine Meinung zu vertreten, auch wenn sie etwas unbequem ist. Dir sind hier keine Grenzen gesetzt, die einzige Einschränkung besteht darin, dass du dir eine Herausforderung aussuchen sollst, die dich tatsächlich fordert. Es bringt also wenig, etwas zu tun, was du kannst und was du gerne machst. Du darfst durchaus den unbequemen Weg wählen, denn nur er bringt dich in deiner Entwicklung wirklich weiter. Suche dir also eine herausfordernde Aufgabe, die dich wirklich dazu bringt, an dir zu arbeiten. Formuliere sie so konkret wie möglich und entwickle wieder deinen Schlachtplan für die nächsten vier Wochen. Dann beginnst du wieder sofort mit der Umsetzung und dem Ausfüllen deines Kalenders. Natürlich gilt auch in diesem zweiten Monat, dass es keine Ausreden gibt. Wenn du bis zum Nachmittag nicht zum Ziel kommst, solltest du unbedingt ein bisschen Gas geben, um doch noch den begehrten grünen Haken im Kalender zu bekommen. Natürlich weißt du auch, dass du in diesem zweiten Monat sicher den einen oder anderen Durchhänger hast. Das kennst du schon aus den vergangenen vier Wochen. Erinnere dich dann daran, wie du in den ersten vier Wochen am Ball geblieben bist und wie du dich motiviert hast. Schritt für Schritt schaffst du so auch den zweiten Monat, bis jeder Tag am Ende das begehrte grüne Symbol bekommt. Wahrscheinlich freust du dich auch schon auf das Ende dieser Zeit, denn du weißt ja, dass du nun wieder deine Einschätzung auf deinem Zeitstrahl abgeben darfst. Vielleicht bist du nun schon deutlich im positiven Bereich zu finden, vielleicht brauchst du auch noch einen weiteren Monat. Wenn das so ist, weißt du jetzt ja, wie du vorgehst, denn du erstellst dir einfach einen neuen Feedback-Kalender und machst dich wieder an die Arbeit.

So gehst du also ein, zwei oder drei Monate lang vor, bis du das gewünschte Ergebnis erzielt hast. Sei aber unbedingt ehrlich zu dir selbst, denn alles andere bringt dich nicht zum Erfolg. Ebenso wichtig wie deine Bemühung, jeden Tag einen grünen Haken zu bekommen, ist deine Einschätzung am Ende des Monats bezüglich deiner aktuellen Einordnung auf dem Zeitstrahl. Bist du nach vier, acht oder zwölf Wochen zufrieden mit dem Ergebnis, hast du dein Ziel erreicht – du hast endlich mehr Selbstvertrauen und hast nun den Mut, eine Bitte mit großer Ruhe und Souveränität abzulehnen. Wenn es etwas länger als drei Monate dauert, weil du in sehr kleinen Schritten vorwärtskommst, ist das übrigens überhaupt kein Problem! Du sollst nur darauf achten, nicht nachlässig zu werden und am Ball zu bleiben. Das ist wichtig für deinen persönlichen Erfolg, denn nur mit Konsequenz kommst du am Ende ans Ziel.

Das Geheimnis deines Erfolgs liegt also in einem einzigen und sehr wesentlichen Punkt: Du erbringst an 30 Tagen den sichtbaren Nachweis über das, was du wirklich kannst! Hast du diesen Beweis erst einmal vor Augen, musst du dir nie mehr einreden oder von einer anderen Person sagen lassen, dass du kein Selbstvertrauen hast oder nicht Nein sagen kannst! Ganz im Gegenteil siehst du ja sehr deutlich und eindeutig, dass du es geschafft hast. Deine Erfahrung sagt dir also, dass du Nein sagen kannst und dass du genügend Selbstbewusstsein hast. Erinnerst du dich noch an das Konzept der Referenzerfahrung aus Kapitel 4.3? Eine Referenzerfahrung sagt dir, dass du etwas schon einmal geschafft hast – selbst wenn dein Umfeld sehr an dir zweifelt. Du hast nun also die Referenzerfahrung gemacht, dass du sehr gut Nein sagen kannst, wenn es nötig ist. Es gibt somit keinen Grund mehr, dass du dir selbst einredest, dass es dir an Selbstvertrauen fehlt oder dass du dir das von einem anderen Menschen einreden lässt. Ganz im Gegenteil weißt du nun, was du kannst, denn du hast genau das sehr eindrucksvoll bewiesen und hast den Nachweis in Form deines Feedback-Kalenders täglich vor Augen!

Damit hast du das perfekte Tool für dein Vorhaben kennengelernt. Du weißt, wie du es anwendest und wie es funktioniert. Dieses Werkzeug hilft dir zukünftig dabei, jedes beliebige Ziel zu erreichen, für das eine Änderung deines

Verhaltens nötig ist! Es ist nämlich keinesfalls nur dazu gedacht, dass du lernst, endlich Nein zu sagen. Du kannst dieses hilfreiche und sehr einfache Tool für alles nutzen, was du dir irgendwie angewöhnen willst. Ganz unabhängig davon, ob du häufiger zum Sport gehen willst, ob du eine Sprache lernen willst, ob du dich regelmäßig mit Freunden treffen willst, ob du dich gesund ernähren willst oder ob du eben mehr Selbstbewusstsein bekommen möchtest und lernen willst, Nein zu sagen – du hast mit diesem Werkzeug die ideale Methode in der Hand, um konsequent an dir zu arbeiten.

Der große Vorteil dieses Tools liegt darin, dass es einerseits leicht anzuwenden ist und andererseits sofort ein direktes Feedback gibt. Wenn du etwas neu lernen willst, musst du wissen, ob du in den letzten Tagen erfolgreich warst oder ob du noch stärker an dir selbst arbeiten musst. Du musst verstehen, dass du diese Transparenz brauchst, denn anders kommst du über einen längeren Zeitraum nicht ans Ziel. Nutze dieses Tool, das ich dir auf den letzten Seiten in allen Details erklärt habe, um an dir zu arbeiten und dein Leben endlich so zu gestalten, wie du es schon immer haben wolltest! Denn eine Sache solltest du dir sehr eingehend vor Augen halten! Was deine Ziele angeht, hast du absolut die freie Wahl. Du kannst dir wirklich aussuchen, was du gerade möchtest und für dieses Ziel einen Schlachtplan entwickeln. Wie du deine persönlichen Ziele findest und welche Möglichkeiten und Perspektiven für dich daraus entstehen, erfährst du im nächsten Kapitel. Du darfst es als einen Bonus für dich verstehen, weil du mein Buch bis hierher nicht aus der Hand gelegt hast. Im nächsten Kapitel gebe ich dir einen Einblick, wie dein ganz perfektes Leben aussehen kann, das du mit Hilfe dieses Tools Realität werden lässt. Bevor ich dich in diese Traumwelt entführe, fasse ich im nächsten Absatz noch einmal zusammen, was wir bis hierher gelernt haben, damit du die wichtigsten Erkenntnisse rund um dieses beeindruckende Tool auf einen Blick siehst.

6.4 Zusammenfassung

In diesem Kapitel habe ich dir ein Werkzeug vorgestellt, das dir meiner Meinung nach optimal dabei hilft, deine Ziele in Zukunft sicher zu erreichen. Dabei spielt es keine Rolle, ob du etwas lernen möchtest, ob du an deinem Verhalten arbeiten willst oder ob du deine Persönlichkeit in irgendeiner Hinsicht entwickeln willst. Das Tool ist sehr leicht zu lernen und kann dich in vielen Lebenslagen begleiten. Es ist einfach zu nutzen, es ist anschaulich und es gibt dir sofort und unmissverständlich Feedback darüber, ob du etwas gut gemacht hast und deinem Ziel etwas näher gekommen bist oder ob du noch an dir arbeiten musst.

Nachdem du deinen Schlachtplan – also die Maßnahmen, die dich zum Ziel führen sollen – entwickelt hast und dich auf einen überschaubaren Zeitraum von 30 Tagen konzentrierst, ist es wichtig, dass du jeden Tag an dir arbeitest. Über 30 Tage sollte das machbar sein. Allerdings ist die Gefahr bei jeder Änderung des Verhaltens oder überhaupt bei allem, was unbequem ist, recht groß, dass du nach wenigen Tagen nicht mehr so motiviert an die Arbeit gehst. Du riskierst dann, dass du mit etwas aufhörst, noch bevor du überhaupt richtig begonnen hast und bevor du erste Erfolge bemerkst.

Deshalb brauchst du ein Tool, das dir sofort zeigt, wenn alles im grünen Bereich ist. Grundsätzlich könntest du ein solches Feedback-Tool in digitaler Form nutzen. Davon rate ich dir allerdings sehr ab, denn ein digitales Tool verschwindet schnell wieder in deinem Handy oder in deinem Tablet. Du hast es nicht sofort vor Augen und es gibt dir nicht direkt Feedback. Schaust du aber nicht auf dein heutiges Ergebnis, verschwindet deine Motivation leider mehr oder weniger automatisch. Das bedeutet, dass du dein Feedback immer und zu jedem Zeitpunkt plakativ vor Augen haben solltest. Dadurch fällt es dir leichter, am Ball zu bleiben und nicht zu früh mit deiner Bemühung aufzuhören.

Deshalb empfehle ich dir ein analoges Tool, das aus einem ganz klassischen Stück Papier und einem Stift in leuchtend grüner Farbe besteht. Diese beiden Hilfsmittel kannst du anfassen und ansehen und sie werden dich jederzeit motivieren, immer weiterzumachen.

Dein analoges Tool besteht im Wesentlichen aus einem aufgezeichneten Kalender mit 30 Tagen. Jeder Tag ist mit dem Datum gekennzeichnet, ein breites Kästchen pro Tag lässt dir genügend Platz für Eintragungen. Du kannst deinen Kalender für 30 Tage selbst auf ein Blatt Papier aufmalen, du kannst dir aber auch einen Kalender aus dem Handel besorgen. Vielleicht wählst du sogar einen Kalender mit Motiv, das dir beim Anschauen Freude macht. Katzenliebhaber schauen sich zum Beispiel immer gerne ein Bild mit einem vierbeinigen Stubentiger an, wer gerne fremde Länder bereist, findet vielleicht Gefallen an einem Bild mit einer außergewöhnlichen Landschaft. Wichtig ist auf jeden Fall, dass du genug Platz hast, um Tag für Tag eine gut sichtbare Eintragung vorzunehmen.

Mit diesem Kalenderblatt arbeitest du nun die nächsten vier Wochen. Da du deine Aufgabe ja schon kennst und definiert hast, geht es jetzt nur noch darum, sie Tag für Tag zu erledigen – und auf deinem Kalender deutlich als »Erledigt« zu kennzeichnen. Dazu setzt du in jedes Kästchen einen großen grünen Haken – er ist ein bekanntes und beliebtes Symbol für Dinge, die bereits erledigt sind. Arbeite deine Aufgabe Tag für Tag ab und kennzeichne dann den jeweiligen Tag in deinem Kalender entsprechend. Schon bald stellst du fest, dass du die erste Woche bereits erfolgreich absolviert hast. Nach einem Monat sollte natürlich jeder Tag einen grünen Haken haben. Ist das der Fall, darfst du sehr stolz auf dich sein, denn du hast die erste Herausforderung auf dem Weg zu mehr Selbstvertrauen geschafft. Ausreden gibt es natürlich nicht, denn wenn du zum Beispiel am Mittag feststellst, dass dir noch eine Aufzeichnung fehlt, musst du noch einmal aus dem Haus und deine aktuelle Herausforderung erledigen. Erst danach vergibst du den grünen Haken. Das Geheimnis deines Erfolgs liegt darin, dass du nach vier Wochen eindeutig siehst, dass du jeden Tag an dir gearbeitet hast!

Danach ist es an der Zeit, sich auf der Zeitleiste aus Kapitel 4.2 einzutragen. Warst du zuerst vielleicht bei einer minus 3 oder minus 2, überlegst du nun, wo du dein Selbstvertrauen jetzt einschätzen solltest. Auf jeden Fall wird es weiter rechts auf der Zeitleiste sein, denn du hast in diesem einen Monat ja schon ordentlich an dir gearbeitet. Vielleicht fühlst du dich nun stark genug für eine Null oder eine plus 1.

Nun setzt du deine Bemühung noch einen oder zwei Monate fort und steigerst dein Selbstvertrauen noch weiter. Überlege dir eine weitere Herausforderung, bereite ein neues Blatt Papier vor und arbeite diese Herausforderung wieder jeden Tag ab. Nach einem weiteren Monat solltet du noch viel mehr Selbstvertrauen haben und überlegst dir dann in Ruhe, ob du noch einen Monat weitermachen willst oder ob du dich schon stark genug fühlst.

Damit hast du gelernt, wie du dein Selbstvertrauen innerhalb von einem Monat so aufbaust, dass du dich in Zukunft ganz souverän traust, Nein zu sagen. Ob du einen Monat Zeit brauchst oder ob es am Ende zwei oder drei Monate sind, bleibt natürlich dir überlassen. Du hast auf jeden Fall jetzt das Handwerkszeug, um weiter an deiner Entwicklung zu arbeiten und um Woche für Woche immer ein bisschen stärker und selbstbewusster zu werden. Mit diesem Handwerkszeug ausgestattet, hast du jetzt alle Chancen, dir dein Leben so zu gestalten, wie du es immer wolltest. Was du dazu wissen musst, erfährst du im nächsten Kapitel.

6.5   Was du jetzt sofort tun kannst

Auch dieses Kapitel beende ich mit einer kleinen Liste an Aufgaben, die du umgehend erledigen sollst, um dein Ziel sicher zu erreichen.

1. Besorge dir ein stabiles Blatt Papier und einen grünen Filzstift.
2. Zeichne einen Kalender mit 30 Kästchen auf das Papier und versieh jedes Kästchen mit einer Nummer von 1 bis 30.
3. Erledige deine gewählte Herausforderung täglich und markiere deinen Erfolg in deinem Kalender mit einem großen grünen Haken.

Du wirst dich wundern, wie motivierend dieser gut sichtbare grüne Haken auf deinem Blatt Papier ist. Am besten heftest du deinen Kalender gut sichtbar an die Wand oder an einen

Schrank, damit er dich täglich daran erinnert, deine selbst gewählte Herausforderung anzugehen und erfolgreich zu bestehen!

7 Was bringt es, Nein zu sagen?

In den letzten Kapiteln hast du eine Menge rund um das Thema Selbstvertrauen und Nein sagen gelernt. Du weißt nun, wie du zu mehr Selbstbewusstsein kommst und wie du es in Zukunft schaffst, leichter Nein zu sagen. Sicher fällt es dir an der einen oder anderen Stelle schwer, meinem Vorschlag zu folgen und hart an dir zu arbeiten. Trotzdem siehst du dank des 30-Tage-Feedback-Kalenders sehr gut, was du bereits erledigt hast und wo du vielleicht noch an dir arbeiten musst. Du hast sicher auch schon verstanden, dass du dein gesetztes Pensum nicht unbedingt in 30 Tagen erledigen musst. Zwar wirst du innerhalb dieser Zeit deutlich voran kommen. Mit großer Sicherheit hast du nach 30 Tagen das gute Gefühl, schon sehr viel geschafft zu haben und in deiner Entwicklung einen großen Schritt gemacht zu haben. Wenn du das Bedürfnis hast, kannst du aber sehr gut noch zwei oder drei weitere Monate absolvieren und bist dann am Ende noch stärker und selbstbewusster.

Genau jetzt ist der richtige Zeitpunkt, sich damit auseinander zu setzen, was dir die ganze Arbeit an dir selbst eigentlich einbringt. Ich habe im dritten Kapitel sehr ausführlich beschrieben, was dir ein »Nein« an Vorteilen bringt. Doch es geht nicht nur darum, dass dein Leben plötzlich stressfreier wird, dass du authentisch wirkst und dass du mehr Zeit hast. Es geht hier um etwas anderes – es geht darum, dass du an deinem Selbstvertrauen arbeitest!

Natürlich ist die Frage berechtigt, was eigentlich zuerst nötig ist – das Selbstvertrauen, um endlich Nein zu sagen oder das Nein, das dir mehr Selbstvertrauen bringt! Das ist ein bisschen wie die berühmte Frage nach der Henne und dem Ei, die auch niemand zweifelsfrei beantworten wird. Allerdings gibt es ein unschlagbares Argument, deinem Selbstvertrauen noch ein wenig mehr Gewicht zu geben als der Fähigkeit, Nein zu sagen! Selbstbewusste Menschen sind attraktiv! Und genau deshalb ist es so interessant, daran zu arbeiten. Menschen mit einem ausgeprägten Selbstvertrauen werden im Leben alles erreichen, was sie sich vorgenommen haben. Kannst du dir vorstellen, dass sehr erfolgreiche Sportler, Schauspieler oder Politiker Probleme mit ihrem Selbstvertrauen haben? Mit Sicherheit gibt es immer wieder die gefürchteten Narzissten, die die Welt in Angst und Schrecken versetzen. Doch wirklich erfolgreiche Menschen überzeugen meist durch einen souveränen und selbstsicheren Auftritt, und wenn du ihn erst einmal hast, kannst du jedes Ziel erreichen, das du dir vorstellst. Du wirst ein Leben führen, dass du dir heute kaum ausmalst und dass du dir doch schon immer gewünscht hast. In diesem Kapitel gebe ich dir noch ein paar Anregungen, damit du eine Vorstellung davon bekommst, was du mit deinem Selbstvertrauen anstellst. Und denke immer daran – selbstbewusste Menschen sind attraktiv, sie werden bewundert und geliebt und man folgt ihnen nur zu gerne! Deshalb lohnt es sich, an deinem Selbstvertrauen zu arbeiten und dich immer weiter zu entwickeln.

Auf den nächsten Seiten gebe ich dir ein paar Anregungen, wie du dein Leben in Zukunft so gestalten kannst, wie du es dir schon immer vorgestellt hast! Eine ganz wichtige Voraussetzung ist dazu ein gesundes Selbstvertrauen, denn es hilft dir, an dein Ziel zu kommen – ganz gleich, wie ausgefallen oder weit entfernt von deiner heutigen Situation es auch immer sein mag. Folge mir also auf eine spannende Reise in dein zukünftiges Leben, und nimm meine Ideen gerne als

Impulse für deine eigenen Ziele. Du wirst sehen – es lohnt sich, denn dein Leben wird sich in eine Richtung entwickeln, die du noch vor kurzer Zeit niemals für möglich gehalten hättest. Wie du siehst, habe ich Beruf und Finanzen vor dem Privatleben und der Partnerschaft gestellt. Diese Reihenfolge ist absolut willkürlich und hat nichts zu bedeuten. Mit einem souveränen Selbstvertrauen gelingt es dir, in allen Bereichen erfolgreich zu sein, so dass du keine Abstriche machen musst oder dich sogar für irgendwelche Prioritäten entscheiden musst. Ganz im Gegenteil hast du mit einem soliden Selbstbewusstsein die besten Voraussetzungen, überall gleichermaßen erfolgreich zu sein, ohne auf irgendetwas zu verzichten!

7.1 Selbstvertrauen ist eine Bedingung für Erfolg im Beruf

Dieser Zusammenhang wird dich sicher nicht überraschen – du weißt sicher, dass ein gutes Selbstbewusstsein unverzichtbar ist, wenn du im Beruf erfolgreich sein willst. Sicher kennst du unzählige Menschen, die deiner Meinung nach sehr selbstbewusst sind und die deshalb unglaublichen Erfolg haben. Wahrscheinlich kannst du eine ganze Liste von Vorbildern aufzählen, die eine Stufe nach der anderen auf der Karriereleiter geschafft haben und die dabei scheinbar mühelos nach oben gelangt sind. Diese Menschen haben einen brillanten Auftritt, sie haben Charisma, sie sind selbstsicher und haben weder bei Präsentationen ein Problem noch beim großen Auftritt vor vielen unbekannten Menschen. Vielleicht bewunderst du diese Vorbilder und möchtest sein wie sie – doch da du jetzt weißt, wie du an deinem Selbstvertrauen arbeitest, musst du sie nicht mehr kopieren. Ganz im Gegenteil hast du jetzt die besten Chancen, dich so zu verhalten, wie es deiner Persönlichkeit entspricht. Du wirkst authentisch und durch und durch »echt« und gerade das macht dich unglaublich sympathisch und anziehend für andere Menschen!

Überlege dir also ruhig ganz genau, wie du dir die nächsten Schritte auf der Karriereleiter vorstellst. Du möchtest ein größeres Projekt leiten? Du willst eine Führungsposition übernehmen und Team- oder Abteilungsleiter werden? Oder möchtest du dein Fachwissen ausbauen und dich als Experte für ein bestimmtes Fachgebiet etablieren? Was auch immer du dir vorstellst – mit einer guten Portion Selbstvertrauen ist das kein Problem mehr.

Sobald du dir deinen Plan überlegt hast, ist es auch schon an der Zeit, diesen in die Tat umzusetzen. Warte also nicht erst, bis du die nächste Chance witterst. Überlege dir vielmehr selbst ganz gezielt, was du dir vorstellst und wie der nächste Schritt auf der Karriereleiter aussieht. Gut ist es, wenn du bereits ein Ziel in weiter Ferne vor Augen hast. Dabei kannst du durchaus einen Zeitrahmen von fünf Jahren angehen. Sobald du dir überlegt hast, wo du in fünf Jahren stehst, legst du noch die kleineren Zwischenschritte fest. Du musst also dein großes Ziel in einzelne Schritte herunterbrechen. Diese Schritte versiehst du auch mit einem Zeitpunkt, so dass du einen Schlachtplan für die nächsten zwei Jahre hast. Der Zeitraum danach ist noch etwas weiter entfernt und darf deshalb vorläufig nur in groben Schritten geplant sein. Die nächsten zwei Jahre sind allerdings wichtig, denn diese Zeit liegt unmittelbar vor dir, so dass sofortiges Handeln angesagt ist.

Danach stellt sich die Frage, wie du mit dieser Planung weiter vorgehst. Du solltest sie unbedingt mit deinem direkten Chef besprechen, denn er muss dich vermutlich bei deinen Plänen unterstützen. Mach ihm klar, dass du voller Selbstvertrauen in deine Fähigkeiten bist und dass du sicher bist, deine Sache gut zu machen. Achte darauf, dass dein Selbstbewusstsein authentisch wirkt und dass du nicht zu übertrieben wirkst. Schließlich bringt es niemanden weiter, wenn dein Vorgesetzter der Meinung ist, dass du den Mund ein wenig zu voll nimmst. Nutze aber dein neu erworbenes Vertrauen in deine eigenen Fähigkeiten, um ihm klarzumachen, dass du sicher bist, dieser neuen Aufgabe gewachsen zu sein und mach dich dann an die Arbeit. Wenn dir noch ein paar Anregungen fehlen, wie du dazu am besten vorgehst, schau dich gerne auf meiner Homepage https://chris-ley.de/ um und orientiere dich an den Vorschlägen von anderen Menschen, die meinen Empfehlungen gefolgt sind und die damit entsprechend erfolgreich waren.

Vielleicht fragst du dich auch, was dein neues Selbstvertrauen mit deinem Erfolg im Beruf zu tun hat. Nun, der Zusammenhang ist denkbar einfach. Beruflich erfolgreich ist nur, wer über das nötige Selbstbewusstsein verfügt. Es ist nun einmal so, dass die meisten Beförderungen auf eine höhere Stelle an Menschen vergeben werden, die sich diese Aufgabe auch sicher zutrauen. Wer erst noch lernen muss und vielleicht an seinem Selbstbewusstsein arbeiten muss und dies bei einem Vorstellungsgespräch deutlich macht, mag vielleicht sympathisch wirken. Allerdings ist das noch lange keine sichere Voraussetzung dafür, dass du den Job auch bekommst. Im Berufsleben musst du nun einmal überzeugen und durch Kompetenz und Souveränität punkten. Fehlt dir das nötige Selbstvertrauen, hast du deutlich schlechtere Karten als alle anderen, die mit der sprichwörtlichen »breiten Brust« auftreten. Bescheidenheit mag eine nette Eigenschaft sein, doch wenn du im Berufsleben erfolgreich sein willst, solltest du darauf verzichten. Das heißt natürlich nicht, dass du die Nase etwas zu hoch tragen sollst. Aber wenn du dich zu höheren Weihen berufen fühlst, sollst du dir den erhofften Job eben auch zutrauen und nach außen deutlich machen, dass du mehr kannst, als du gerade zeigen darfst. So hast du die besten Chancen, dass deine Vorgesetzten auf dich aufmerksam werden und dir entsprechende Aufgaben mit mehr Verantwortung zuteilen. Auch deine langfristige Planung wird sicher mehr unterstützt, wenn du selbstbewusst ans Werk gehst und deutlich machst, dass du dir einen Job mit mehr Verantwortung zutraust.

Und selbstverständlich hilft dir ein stabiles Selbstbewusstsein nicht nur, wenn du Angestellter bist und die Karriereleiter noch um ein paar Stufen erklimmen willst. Auch für Selbständige ist Selbstvertrauen im Job unverzichtbar – vielleicht sogar noch viel mehr als für Arbeitnehmer. Warum das so ist, macht folgendes Beispiel deutlich. Stell dir einmal vor, du beauftragst einen Fliesenleger damit, dir dein Bad neu zu fliesen. Dir schwebt ein schwieriges Muster mit Mosaik vor, für das eine gewisse Erfahrung und Fingerfertigkeit nötig ist. Auch das richtige Handwerkszeug ist natürlich erforderlich. Der Handwerker ist bei dir zu Besuch, schaut sich das Badezimmer und den Grundriss an – und macht dir schließlich klar, dass er sich nicht sicher ist, ob er den Auftrag übernehmen kann! Er zweifelt an seinen Kenntnissen und seiner Erfahrung und ist deshalb unsicher, ob er der richtige Mann für dich ist! Was glaubst du wohl, was nun passiert? Du kannst sicher sein, dass du deinen Auftrag nicht an diesen Betrieb vergibst. Du führst wahrscheinlich noch ein weiteres Gespräch mit einem anderen Handwerker, den du zuvor nach seiner Erfahrung im Bereich von Mosaiken befragst. Du hast nun selbst etwas dazugelernt, denn in Zukunft wirst du einem Handwerker noch genauer auf den Zahn fühlen, bevor du ihn zu einem Termin vor Ort bittest. Und dir ist auch völlig klar, dass du sehr viel Glück gehabt hast, weil du diesen Betrieb eben nicht beauftragt hast, denn wer weiß schon, wie das Ergebnis geworden wäre. Vielleicht hättest du sehr viel Geld ausgegeben und am Ende müsste doch noch ein Fachmann nacharbeiten und korrigieren.

So unangenehm die Angelegenheit für dich auch ist, so schwierig ist sie aber auch für den Handwerker. Natürlich ist es lobenswert, dass er die Situation realistisch einschätzt und dir zu verstehen gibt, dass er sich die Sache nicht zutraut. Wenn er allerdings regelmäßig so vorgeht, wird er mit Sicherheit keine Aufträge mehr an Land ziehen. Gerade für Selbständige ist ein ausgeprägtes Selbstbewusstsein also unglaublich wichtig. Natürlich sollen Gewerbetreibende und Freiberufler ihre Fähigkeiten und Fertigkeiten realistisch einschätzen. Sie sollen anhand von wenigen Informationen beurteilen können, ob sie einen Auftrag ausführen können oder nicht. Sie sollen wissen, ob sie die Arbeiten selbst übernehmen oder unter Umständen einen weiteren Experten hinzuziehen müssen. Sie sollen den Aufwand an Zeit und Geld solide einschätzen. Gewerbetreibende und Freiberufler müssen ihren Kunden ein tragfähiges und belastbares Angebot vorlegen, das der Kunde schließlich vergleicht und annehmen kann. Aber ein souveränes und selbstbewusstes Auftreten ist unglaublich wichtig, um dem potenziellen Kunden von Anfang an das Gefühl zu geben, dass er in den besten Händen ist. Bei einem Selbständigen hängt die gesamte Existenz also durchaus daran, dass er sich gut verkaufen kann und den Auftrag dann auch so durchführt, wie es versprochen wurde. Wer hier durch einen unsicheren Auftritt und mangelndes Selbstvertrauen auffällt, hat leider eine ganze Menge an Vertrauen verspielt, was er vorab von seinem potenziellen Kunden bekommen hat. Es dürfte schwer sein, dieses Vertrauen wieder zu gewinnen oder den Interessenten dazu zu bringen, eine positive Empfehlung auszusprechen. Gerade als Selbständiger musst du also souverän und selbstbewusst auftreten, um Aufträge zu gewinnen und das Überleben deines Unternehmens zu sichern.

Und sogar Studierende oder Auszubildende sollten sich von Anfang an um ein stabiles Selbstvertrauen bemühen. In jungen Jahren ist das besonders schwer, denn du weißt natürlich, wie wenig du bisher weißt. Du kannst gut einschätzen, dass dir jegliche Erfahrung fehlt und dass dein Wissen noch gegen null geht. Und du weißt auch sehr gut, dass es einem Auszbildenden, einem Studierenden oder einem Berufseinsteiger schlecht zu Gesicht steht, wenn er zu selbstbewusst auftritt. Deshalb ist hier eine Menge Fingerspitzengefühl gefragt. Du musst die Balance finden zwischen einem guten Gefühl für dein Wissen und einem stabilen Selbstvertrauen. Das gelingt dir, wenn du dir immer vor Augen führst, was du bereits weißt und was dir noch fehlt. Dein Selbstvertrauen sollte also deinem Wissensstand entsprechen, wobei du immer das Gefühl vermitteln sollst, dass du gerne bereit bist, noch mehr zu lernen und dich zu entwickeln. Trotzdem kannst du mit einem guten Selbstvertrauen schon in dieser frühen Phase deiner Karriere einen guten Eindruck bei deinem Arbeitgeber hinterlassen. Das ist wichtig, wenn du nach deiner Ausbildung noch eine Weile in deinem Betrieb bleiben willst, aber auch wenn du ein gutes Zeugnis haben willst, weil du dich bei einem anderen Unternehmen bewerben willst.

Ohne Selbstvertrauen geht es also im Berufsleben nie. Übrigens ist das auch ein Thema, wenn du nicht die große Karriere anstrebst, sondern mit deinem heutigen Job zufrieden bist. Steht zum Beispiel die nächste Gehaltsverhandlung an oder möchtest du von deinem Chef eine bestimmte Weiterbildung genehmigt haben, ist ein stabiles Selbstvertrauen ebenfalls hilfreich, denn du musst ihm klarmachen, was er selbst davon hat. Und auch eine berufliche Entwicklung auf gleicher Ebene funktioniert nicht, wenn du deinen Vorgesetzten nicht von deinen Fähigkeiten überzeugst und wenn er nicht versteht, wie er selbst davon profitiert. Letztlich wirst du im Berufsleben also niemals bestehen, wenn du nicht mit einem guten Selbstvertrauen deinen Weg gehst und dich entsprechend präsentierst. Du weißt nun, was du dazu benötigst und wie du an dein Ziel kommst. Jetzt ist es an dir, das Bild von deiner perfekten Karriere zu zeichnen und dieses Bild mit der nötigen Portion Selbstvertrauen zum Leben zu erwecken!

7.2   Selbstbewusstsein ist dein Garant für materielle Sicherheit

Materielle Sicherheit steht für viele Menschen sehr weit oben auf der Liste der Träume, die sie sich im Lauf ihres Lebens erfüllen wollen. Dabei ist dieser Begriff durchaus weit gefasst und sehr individuell zu verstehen. Für den einen oder anderen mag finanzielle und materielle Sicherheit gegeben sein, wenn er ein großes Haus abgezahlt hat, wenn vor der Tür mehrere Autos stehen, die nicht mehr finanziert werden, wenn man mehrmals im Jahr in den Urlaub fliegt und schöne Fernreisen macht und wenn man genügend Kleingeld hat, um sich immer wieder die eine oder andere begehrte Kleinigkeit zu leisten. Dann gibt es natürlich noch einige wenige Auserwählte, die sich einen noch höheren Lebensstandard erschaffen haben und bei denen man durchaus das Wort »Millionär« in den

Mund nehmen mag. Wieder andere sind mit einer kleinen Mietwohnung und einem ebenso kleinen Auto zufrieden und freuen sich schon über einen einzigen Urlaub im Jahr. Was man als finanzielle Sicherheit bezeichnet und welche Summe man dazu pro Monat benötigt, ist also eine sehr individuelle und persönliche Frage. Allerdings gehört auch hier das nötige Selbstvertrauen dazu, um die finanzielle Grundlage zu schaffen und ein Leben lang zu erhalten – vielleicht auch wenn das Leben einmal nicht so verläuft, wie man sich das vorgestellt hat.

Was du für deine finanzielle Sicherheit benötigst und wie hoch dein monetäres Polster sein sollte, berechnest du im besten Fall schon in jungen Jahren. Von Zeit zu Zeit ist eine Überprüfung nötig, denn gerade eine Änderung der familiären oder der beruflichen Situation kann sehr schnell dazu führen, dass sich auch der finanzielle Bedarf verändert. Du solltest also regelmäßig prüfen, ob deine Reserven noch zu deinem Lebensstandard passen oder ob eine Justierung nötig ist. Doch gerade wenn höhere finanzielle Mittel nötig sind, geht es wiederum nicht ohne das nötige Selbstvertrauen. Denn wie willst du zu Geld kommen?

Als Angestellter fragst du vielleicht nach einer Gehaltserhöhung. Du machst Überstunden und bittest um die Auszahlung. Vielleicht nimmst du einen Nebenjob auf, vielleicht arbeitest du Teilzeit in zwei Jobs. Als Selbständiger wirst du dich noch mehr darum bemühen, neue Aufträge an Land zu ziehen. Sicher besprichst du deine Situation auch mit deinem Bankberater und forderst von ihm brauchbare Vorschläge zur Optimierung deiner finanziellen Lage ein. Doch alles das funktioniert nicht ohne das nötige Selbstvertrauen. Du musst wissen, was du brauchst und willst, und hast im besten Fall auch eine Vorstellung, wie du zu deinem Ziel kommst. Weißt du noch nicht genau, was zu tun ist, solltest du wenigstens deine Ziele konkret formulieren, denn das ist in einem Gespräch mit einem Bank- oder Finanzberater auf jeden Fall nötig. Auch für eine Kreditanfrage solltest du wissen, was du brauchst und wofür du das Geld benötigst. Doch immer wenn bei einer Verhandlung das Thema »Geld« im Vordergrund steht, ist ein selbstbewusster Auftritt unbedingt nötig.

Sehr leicht passiert es dir sonst, dass ein Bankberater versucht, dir ein Produkt zu empfehlen, das du nicht brauchst. Auch wenn es um die Verhandlung von Kosten geht, ist Selbstvertrauen gefragt, damit man dich hier nicht über den Tisch zieht. Ohne die nötige Stärke und den selbstbewussten Auftritt kommst du also nie zu finanzieller Sicherheit.

Von besonderer Bedeutung ist Selbstvertrauen übrigens, wenn die Dinge einmal richtig schiefgelaufen sind und wenn du richtig in finanziellen Problemen steckst. Stell dir für einen kurzen Augenblick die folgende Situation vor: Du hast dir als junger Angestellter einen recht guten Ruf erarbeitet, du verdienst ein angemessenes Gehalt, fährst ein kleines Auto und lebst in einer bezahlbaren Mietwohnung mit zwei Zimmern. Über ein paar Freunde lernst du neue Bekannte kennen, die dich mit großen und schnellen Autos beeindrucken. Jung und unerfahren, wie du bist, begeistert man dich natürlich mit den schicken Wagen. Du fragst dich, wie deine neuen Bekannten ihr Geld verdienen und was sie beruflich machen. Auf Nachfrage erfährst du nichts Konkretes, doch irgendwie hat es etwas mit Verkauf und Vertrieb zu tun. Ganz nebenbei erzählt man dir, dass deine neuen Freunde selbständig sind und dass du gerne nebenberuflich einsteigen kannst. Vielleicht wird daraus sogar ein Hauptberuf, wenn du das

Zeug zum Vertriebstalent hast und entsprechend hohe Umsätze bringst. Da du bisher noch wenig Erfahrung mit dem Verkauf und Vertrieb auf selbständiger Basis hast, ahnst du nichts Böses und beginnst deine Karriere als Nebenberufler. Mit der Unterstützung deiner neuen Freunde lassen deine ersten Erfolge nicht lange auf sich warten und bald kommt der eine oder andere unerwartete Euro in deine Kasse.

In deiner Begeisterung übersiehst du die ersten Warnzeichen, denn einige deiner Freunde müssen ihre schicken Autos schon bald wieder abgeben, weil ihnen schlicht die finanziellen Mittel dazu fehlen. Gelegentlich hört man auch das Stichwort »Steuer«, misst ihm aber keine größere Bedeutung bei. Es kommt, wie es kommen muss – du verdienst eine Weile nebenberuflich recht gut und gibst das Geld für ein größeres Auto aus. Schließlich kommt in deinem Hauptberuf ja auch jeden Monat ein solides Einkommen in die Haushaltskasse. Anfang des folgenden Jahres machst du dann wie immer deine Steuererklärung. Du gibst deinen Verdienst korrekt an und bekommst zwei Monate später einen Steuerbescheid, der dir den Schweiß auf die Stirn treibt: Deine Nachzahlung beträgt 2.000 Euro, die zukünftige Vorauszahlung pro Vierteljahr liegt im hohen dreistelligen Bereich, die erste Vorauszahlung ist ebenfalls kurzfristig fällig. Jetzt ist guter Rat teuer, denn ohne Vorwarnung musst du rund 3.000 Euro an das Finanzamt zahlen. Unnötig zu erwähnen, dass du dieses Geld nicht hast, denn Rücklagen für Steuerzahlungen hast du in deinem Leichtsinn nicht gebildet. Was also ist zu tun?

Jetzt ist nicht nur eine clevere Strategie nötig, sondern du brauchst auch das viel zitierte Selbstvertrauen. Natürlich hast du verschiedene Lösungen. Du könntest zu deiner Bank gehen und um einen Kredit bitten. Du kannst deine Eltern fragen. Du kannst mit dem Finanzamt eine Stundung der Steuerschuld verhandeln. Doch was immer du tust – du brauchst einen Schlachtplan, der wirklich greift, und du musst denjenigen, der dir helfen soll, davon überzeugen.

Selbst wenn du diese Person auf Anhieb findest, musst du damit rechnen, dass man dir gewaltige Vorwürfe macht. Das gilt umso mehr, wenn du Freunde, Bekannte oder deine Eltern um Hilfe bittest. Du darfst sicher sein, dass sie dich fragen, was du angestellt hast und wie und warum du so in Schwierigkeiten geraten konntest. Ohne einen selbstbewussten Auftritt kommst du jetzt nicht weit, denn vermutlich werden die Vorwürfe – nicht ganz zu Unrecht – an deinem Selbstvertrauen kratzen.

Und auch eine Anfrage bei deiner Bank will mit Selbstbewusstsein vorgetragen werden. Du musst den Berater davon überzeugen, dass du zwar einen Fehler gemacht hast, dass dies aber nicht mehr vorkommen wird. Du musst ihm klarmachen, dass du einen Kredit einschließlich der Zinsen zuverlässig zurückzahlst. Das alles erfordert eine Menge Selbstvertrauen, das du in dieser schwierigen und auch für dich ungewohnten Situation vermutlich kaum hast.

Ein selbstbewusster Auftritt macht es dir leichter, mit deinem Bankberater zu verhandeln und Konditionen auszuhandeln, die du gut akzeptieren kannst. Vielleicht schaffst du es, einen Kredit zu niedrigen Zinsen zu erhalten, vielleicht ist eine lange Laufzeit akzeptabel, vielleicht verzichtet der Banker auf eine Absicherung des Kredits. Auf jeden Fall wirst du als selbstbewusster Verhandlungspartner auf Augenhöhe wahrgenommen, der seine eigenen Interessen vertritt und mit dem man auch in Zukunft gerne Geschäfte macht. Bist du in der Verhandlung hingegen unsicher und vermittelst sogar den Eindruck, dass du die Kreditraten nicht sicher bezahlen kannst oder dass du dich finanziell völlig überforderst, wird es schwer werden, eine Einigung mit deiner Bank zu erzielen. Deine materielle und finanzielle Sicherheit hängt in diesem Fall also sehr davon ab, wie du dich präsentierst und wie selbstbewusst du bist. Schon deine langfristige finanzielle Sicherheit ist es also durchaus wert, an deinem Auftritt zu arbeiten und zu lernen, selbstbewusst zu handeln – und bei Bedarf souverän Nein zu sagen! Übrigens mag ein Nein der Bank gegenüber zwar zunächst ungewohnt sein, doch der Berater wird dadurch umso mehr sehen, dass er dich ernst nehmen muss – ein nicht zu unterschätzender Vorteil, wenn du an einer langfristigen Geschäftsbeziehung interessiert bist!

Du weißt nun, wie wichtig Selbstvertrauen und die Fähigkeit, Nein zu sagen, für deine finanzielle Sicherheit sind und wie sehr sie bestimmen, wie du dein Leben in materieller Hinsicht gestaltest. Im nächsten Kapitel gehe ich darauf ein, wie sich Selbstvertrauen auf dein Privatleben auswirkt und wie du dir in deinem Umfeld einen Namen als zuverlässiger Freund machst, wenn du souverän auftrittst – und eben gelegentlich Nein sagst.

7.3 Selbstvertrauen ist dein Rezept für ein erfülltes Privatleben

Eigentlich bist du mit deinem Privatleben zufrieden. Du treibst regelmäßig Sport und bist Mitglied im Sportverein. Nach Feierabend oder am Wochenende triffst du dich mit Freunden und Bekannten, ihr habt Spaß und du kannst dich vor Einladungen kaum retten. Auch in deiner Familie ist man sehr aktiv, regelmäßige Feierlichkeiten stehen auf dem Programm. Natürlich freuen sich deine Eltern und Großeltern, wenn du sie am Wochenende besuchst oder wenn du gelegentlich zu Hause hilfst, wenn Arbeit im Haushalt oder im Garten anfällt. Es ist also eigentlich alles in Ordnung – eigentlich …

Denn manchmal geht dir deine Familie ein wenig auf die Nerven. Fast könnte der Eindruck entstehen, dass du dich noch nicht richtig von deinen Eltern abnabeln konntest. Am liebsten möchten sie dich jedes Wochenende sehen, und auch bei deinen Großeltern sollst du im Abstand von zwei Wochen vorbeischauen. Deine Freunde und Bekannten halten es ähnlich, du wirst bei jedem Umzug, bei jeder Party oder bei anderer Gelegenheit gefragt, ob du helfen kannst. Natürlich weiß man, dass man auf dich zählen kann – und irgendwie bist du ja auch stolz darauf, dass man dich um Hilfe bittet. Das gibt dir ein wenig das Gefühl, dass du gebraucht wirst und dass man nicht ohne dich auskommt. Das schmeichelt dir selbstverständlich … Doch gelegentlich willst du deine Freiheit haben. Du willst deine Ruhe und möchtest am Wochenende nicht schon wieder zu Besuch kommen.

Diese Situation kennen wohl vor allem junge Menschen, die noch nicht lange von zu Hause weggezogen sind. Irgendwie bleibt man für die Eltern halt immer Kind, und man freut sich ja auch darüber, im Elternhaus zu Besuch zu sein. Trotzdem nutzt es nichts, denn du wirst niemals richtig erwachsen und selbständig, wenn es dir nicht gelingt, dich abzunabeln. Dazu ist von Zeit zu Zeit ein Nein unverzichtbar. Das tut natürlich weh und niemand sagt der geliebten Großmutter gerne, dass am nächsten Wochenende leider keine Gelegenheit ist, zu Besuch zu kommen.

Trotzdem hilft es nicht, denn wenn du nicht dein Leben lang immer verfügbar sein willst, sobald du von zu Hause angefordert wirst, musst du von Zeit zu Zeit Nein sagen und eine Bitte ablehnen. Du darfst sicher sein, dass es Diskussionen und Streit gibt, aber durch diese Phase musst du hindurch.

Doch wenn es dir gelingt, deinen Eltern zu vermitteln, dass du ein erwachsener Mensch bist und dein eigenes Leben führst, dass du nicht mehr jedes Wochenende zu Besuch kommst und auch nicht immer helfen kannst, wenn gerade Bedarf ist, dann wird eure Beziehung nach einer Weile viel entspannter werden. Davon profitieren dann beide Seiten, auch wenn es zuvor Diskussionen gab. Schaffst du es, dir durch ein gelegentliches Nein deinen persönlichen Freiraum zu erkämpfen, darfst du sicher sein, dass es dir selbst plötzlich viel besser geht. Du wirst dich freuen, deine Eltern zu sehen, und du wirst wieder gerne zu ihnen nach Hause kommen. Vielleicht schaffst du es sogar, langjährige Streitigkeiten auf diese Art und Weise endlich beizulegen, aber dazu müssen beide Seiten eben zunächst akzeptieren, dass du erwachsen bist und deinen eigenen Weg gehst. Mit einem gelegentlichen Nein zur richtigen Zeit in einem angemessenen Ton verschaffst du dir das Selbstbewusstsein, das du selbst brauchst und das von deinen Eltern nach anfänglichen Schwierigkeiten sicher akzeptiert wird. Der Weg dorthin mag schwierig sein, doch er ist es wert, denn am Ende kann daraus eine sehr stabile Beziehung zu deinen Eltern werden, die noch viele Jahre lang anhalten kann.

Ganz ähnlich verhält es sich mit deinen Freundschaften. Auch Freunden und Bekannten gegenüber musst du dich gelegentlich mit einem souveränen Nein positionieren und deine Grenzen abstecken. Es muss klar sein, dass du nicht jederzeit bereit bist, wenn ein Umzug ansteht oder wenn eine Feier vorbereitet werden will. Schaffst du das, wirst du vielleicht einige Freunde verlieren. Auf sie kannst du dann allerdings gut verzichten. Echte Freunde werden verstehen, dass du nicht immer zur Verfügung stehst. Eine stabile Freundschaft hält ein gelegentliches Nein aus, sie wird dadurch häufig noch sicherer und zuverlässiger. Schließlich erweist du dich mit einem Nein als Freund, der zu seinem Wort steht und der offen, ehrlich und authentisch ist. Diese Voraussetzungen sind wichtig, damit eine Freundschaft ein Leben lang besteht.

Ganz nebenbei schaffst du durch ein Nein zum richtigen Zeitpunkt auch für dich selbst den wichtigen Freiraum, um dein Privatleben in vollen Zügen zu genießen. Du hast mehr Zeit und Energie für dich und gewinnst das Selbstvertrauen, um deinen eigenen Interessen nachzugehen. Das macht dich für deine Freunde zu einem liebenswerten Menschen, den man besonders zu schätzen weiß, wenn man Zeit mit ihm verbringt.

Ein gesundes Selbstvertrauen zieht aber auch noch etwas nach sich, was jeder Mensch gerne haben möchte: Ausstrahlung und Charisma. Ein souveräner und selbstbewusster Auftritt ist unglaublich attraktiv, und Menschen mit einem stabilen Selbstbewusstsein wirken auf ihr Umfeld äußerst anziehend. Dabei spielt das Geschlecht übrigens keine Rolle! Anders formuliert – ein selbstbewusster Mensch wirkt auf Männer und Frauen gleichermaßen attraktiv. Männer möchten einen solchen Mann zum Freund haben, und gerade jüngere Männer sehen in einem selbstbewussten männlichen Kollegen so etwas wie einen Mentor oder Coach, an dem man sich gerne orientiert und von dem man sehr viel lernen kann. Vor allem in beruflicher Hinsicht ist das ein nicht zu unterschätzender Vorteil. Wenn du also an einem selbstbewussten Auftritt gearbeitet hast und dein Selbstvertrauen steigern konntest, wirst du dies an deinem Umfeld merken. Wahrscheinlich suchen viel mehr Menschen deine Nähe und wollen mit dir befreundet sein oder mindestens mit dir in Verbindung bleiben, um von dir zu lernen und sich an deinem Verhalten zu orientieren. Auf Frauen wirkt ein selbstbewusster Mann natürlich ebenso anziehend, wobei noch einmal zu unterscheiden ist, ob die Dame dich als einen potenziellen Partner sieht oder als Kollegen oder Vorgesetzten, von dem man etwas lernen kann und der die eigene Karriere beflügeln könnte.

Und auch selbstbewusste Frauen werden überrascht sein, wie sich ihr Umfeld plötzlich ändert. Allerdings ist beim weiblichen Geschlecht unter Umständen ein wenig Vorsicht geboten, denn man misst hier gerne mit zweierlei Maß. Während man selbstbewusste Männer mit einem entsprechenden Auftritt bewundert und gerne als Führungskraft akzeptiert, kann das gleiche Verhalten bei einer Frau ganz anders gewertet werden. Sie muss unter Umständen nämlich damit rechnen, als zickig, unweiblich und karriereorientiert abgewertet zu werden, nur weil sie einen souveränen Auftritt hat. Mit zunehmendem Alter mag sich diese Gefahr verringern, doch gerade junge Frauen mit einem stabilen Selbstbewusstsein fallen in ihrem beruflichen und privaten Umfeld unter Umständen negativ auf. Wenn das der Fall ist, schlagen meist alte Vorurteile und Klischees zu, nach denen eine Frau hübsch aussehen soll und am besten ihren Mund halten soll. Natürlich muss das nicht so sein, aber als selbstbewusste Frau muss man eben damit rechnen, anders beurteilt zu werden als die Männer. Unter Umständen ist es gerade für Frauen zu empfehlen, mit ein wenig Fingerspitzengefühl an die Dinge heranzugehen und eine Balance zu finden zwischen einem selbstbewussten und doch zurückhaltenden Auftritt. Dass dieser Spagat sehr gut gelingen kann, siehst du an vielen weiblichen Führungskräften, die auf der Karriereleiter manche Stufe erklimmen konnten und die von ihren Mitarbeitern und von ihren Kollegen und Vorgesetzten gleichermaßen geschätzt werden.

Auch wenn es selbstbewusste Frauen unter Umständen ein wenig schwerer haben, gilt doch immer die Maßgabe, dass Menschen mit einem stabilen Selbstvertrauen und einem souveränen Auftritt auf ihre Umwelt sehr attraktiv wirken. Mit solchen Menschen sind wir einfach gerne zusammen, ob es nun um das berufliche Umfeld geht oder ob wir den privaten Austausch suchen. So wichtig wie ein selbstbewusster Auftritt mit der Fähigkeit, gelegentlich Nein zu sagen, im Privatleben auch ist, so bedeutend ist er auch für die Partnerschaft. Mit diesem Thema beschäftige ich mich im nächsten Kapitel.

7.4 Selbstbewusstsein ist der Schlüssel zu einer stabilen Partnerschaft

Du hast es vielleicht schon einmal erlebt: Du hast einen Partner oder eine Partnerin kennengelernt, ihr verbringt eine wundervolle Zeit miteinander, und du richtest dein gesamtes Leben auf deinen neuen Freund oder die neue Freundin aus. Du hast keine Zeit mehr für alte Bekannte, du vernachlässigst deinen Lieblingssport, ihr geht nur noch gemeinsam weg. Für Freunde, Bekannte und Kollegen ist schlicht keine Zeit mehr, du vernachlässigst deine alten Kontakte und hast nur noch Augen und Ohren für deinen Partner. Doch nach einiger Zeit geht die Beziehung in die Brüche und du fragst dich, was du falsch gemacht hast – schließlich hast du dein ganzes Leben für den Partner aufgegeben und keine eigenen Interessen mehr gehabt. Ganz nebenbei hat dein Selbstbewusstsein darunter gelitten, doch das ist dir kaum aufgefallen. Hast du doch einmal mit deinen früheren Freunden und Bekannten gesprochen, stellen sie fest, wie sehr du dich verändert hast. Von deiner alten Persönlichkeit und deinem früheren Selbstvertrauen ist nichts mehr übrig. Doch was ist eigentlich passiert? Und was hat es dir gebracht, dich selbst zu verleugnen und deine eigenen Interessen aufzugeben?

Die Antwort gefällt dir vielleicht nicht, doch sie liegt auf der Hand: Du hast dein ganzes Leben und dich selbst komplett auf deinen neuen Partner oder deine Partnerin ausgerichtet. Damit einher geht in der Regel auch ein Verlust deines Selbstvertrauens – und leider auch der Verlust deiner Attraktivität! In deiner nächsten Beziehung solltest du das unbedingt im Hinterkopf behalten und an deinem Selbstvertrauen arbeiten, denn nur dann bist du für deinen Partner attraktiv. Ein Nein zur richtigen Gelegenheit hilft übrigens sehr, selbstbewusst und attraktiv für deinen Partner oder deine Partnerin zu bleiben!

Leider ist es ein Fehler, der immer wieder passiert und den nicht nur junge Menschen machen: Kaum ist man in einer neuen Beziehung, passt man das eigene Leben von vorne bis hinten an den neuen Partner an. Man vergisst Freunde und Bekannte, man hat keine Zeit mehr für die Kollegen, und man vernachlässigt Hobbys und alle Interessen, die man jemals gehabt hat. Natürlich möchtest du jede freie Minute mit deinem Partner verbringen, doch darüber vernachlässigst du dein eigenes Leben ganz massiv.

Du vergisst, was du früher gerne gemacht hast und was dich interessiert hat. Du hast nur noch Augen für deinen neuen Lieblingsmenschen und machst ausschließlich, was er auch macht. Damit allerdings verlierst du schnell an Attraktivität. Ein Mensch, der keine eigenen Interessen und keine persönliche Meinung hat, wird für sein Umfeld schlicht uninteressant. Deshalb ist es auch besser, sich gelegentlich zu streiten und Meinungsverschiedenheiten auszudiskutieren. Zwar ist eine harmonische Partnerschaft wichtig, doch sie darf nicht auf Kosten eines Partners gehen. Gerade in einer jungen Beziehung ist es wichtig, sich gegenseitig von Zeit zu Zeit die Grenzen aufzuzeigen und deutlich zu machen, dass man nicht alles mit sich machen lässt.

Mit einem Nein zum richtigen Zeitpunkt unterstreichst du dein Selbstbewusstsein und wirst für deinen Partner noch ein bisschen attraktiver. Er wird den Eindruck bekommen, dass er sich anstrengen muss, um dir zu gefallen und um mit dir eine Beziehung auf Augenhöhe zu führen. Versuchst du hingegen, ihm alles recht zu machen, damit ihr es beide möglichst bequem habt, ist eine Beziehung leider schnell am Ende. Sie übt dann keinerlei Reiz und Anziehungskraft aus, und dein Partner wird vermutlich auch nicht um dich und eure Beziehung kämpfen. Deshalb ist es gut und richtig, von Anfang an selbstbewusst aufzutreten und zu zeigen, dass du eigene Wünsche, Vorstellungen und Meinungen hast, die du auch selbstbewusst vertreten wirst.

Dein Partner wird dann wohl auch ahnen, dass du recht gut ohne ihn leben kannst, weil du eben auch für andere Menschen interessant bist. Wenn ihm etwas an dir liegt, gibt er sich noch mehr Mühe um dich und um eure Verbindung. Du vermittelst ihm dann den Eindruck, dass du durchaus auch ohne ihn leben kannst und dass es andere Menschen in deinem Umfeld gibt, die dich wertschätzen und attraktiv finden.

Ein kleines Wort zur richtigen Zeit kann also unglaubliche Wirkung entfalten. Versuche deshalb, schon in der ersten Zeit eurer Beziehung nicht den Fehler zu machen, ihm immer nur nach dem Mund zu reden und ihm alles recht zu machen. Vertritt gerne deine eigene Meinung und lehne von Zeit zu Zeit auch einmal eine Bitte ab, wenn du etwas nicht möchtest.

Wenn du ältere Paare nach ihrem Rezept für eine lange und glückliche Beziehung fragst, wird vermutlich gerade das gelegentliche Ablehnen von kleinen oder größeren Wünschen ein winziges Detail sein, das sie dir als Geheimnis nennen. Hat eine Beziehung schon sehr lange Bestand, sind solche kleinen Machtkämpfe vielleicht nicht mehr zwingend nötig. Man weiß dann, was man an dem anderen hat und wann man ihm einen kleinen Gefallen tun kann. Man weiß auch, dass man nicht mehr um alles kämpfen muss und geht die Dinge etwas entspannter an. In jungen Jahren ist es allerdings ein Fehler, sich bequem zurückzulehnen und immer nur zu machen, was der Partner möchte. Du bist einfach attraktiver, wenn du deine eigene Meinung hast und diese auch deutlich sagst. Schließlich kann der andere auch nicht wissen, was dir gefällt und was du ablehnst, deshalb ist ein Nein von Zeit zu Zeit eine gute Sache.

Achte aber unbedingt darauf, dass du bei der Ablehnung eines Wunsches verhältnismäßig bleibst. Das heißt, dass du dir schon gut überlegen sollst, zu welcher Gelegenheit du Nein sagst! Steckt dein Partner ernsthaft in Schwierigkeiten und braucht er deine Hilfe, sollst du ihn nicht im Stich lassen. In diesem Fall sollst du an seiner Seite sein und ihn unterstützen, damit er seine Krise bald übersteht. Geht es aber um die üblichen Kleinigkeiten im Alltag, die gelegentlich zu einem Machtkampf ausarten, sollst du dich selbstbewusst behaupten und auch einmal Nein sagen, wenn dir danach ist. Das stärkt dich und eure Beziehung und erhöht deine Anziehungskraft und deine Attraktivität ganz enorm.

Natürlich gilt das nicht nur für eine Beziehung oder für eine Ehe. Auch wenn ihr beide eine Familie gegründet habt, geht es manchmal nicht ohne ein Nein. Das wird dir besonders auffallen, wenn du irgendwann einmal Kinder hast.

Nicht nur in der berühmten Trotzphase wollen die Kleinen ihre Grenzen immer wieder austesten. Wohl jeder Vater und jede Mutter kennt die gefürchtete Attacke im Supermarkt, wenn der Nachwuchs an den Süßigkeiten vorbeikommt und die eine oder andere Schachtel gerne im Einkaufswagen sehen möchte. Selbst erfahrenen Eltern fällt es dann schwer, Nein zu sagen, und der Tränenfluss der Kleinen versiegt natürlich erst, wenn die Schokolade oder die Gummibärchen an der Kasse bezahlt sind. Vielleicht setzen die lieben Kleinen auch ihr entzückendstes Lächeln und den unschuldigsten Blick auf, um die Eltern doch noch zum Nachgeben zu bewegen. In solchen Fällen fällt es wohl jedem Elternteil schwer, bei einem Nein zu bleiben.

Mit zunehmendem Alter wird die Situation nicht unbedingt einfacher. Werden die Kinder älter, stellt sich die Frage, bis wann sie aufbleiben und Fernsehen dürfen, später geht es darum, wann und wie sie von einer Party zurückkommen und bei wem sie übernachten dürfen. Immer wieder sind Eltern gefordert, Nein zu sagen und ihren Kindern Grenzen zu setzen. Natürlich sorgt das im ersten Augenblick häufig für Streit und Ärger im Haus, deshalb gibst du als Vater oder Mutter nach, um deine Ruhe zu haben. Manchmal bist du auch einfach nur genervt und hältst den Streit nicht aus.

Allerdings tust du auf Dauer niemandem einen Gefallen damit – weder dir selbst noch deinen Kindern. Auch wenn es schwerfällt, müssen sie lernen, dass nicht jeder Wunsch im Leben erfüllt wird und dass die Dinge nicht immer so laufen, wie sie sich das vorstellen. Mit einem gelegentlichen souveränen Nein kannst du sogar dafür sorgen, dass es in deiner Familie ruhiger und gelassener zugeht. Dein Familienleben kann also durchaus davon profitieren. Allerdings musst du dazu konsequent sein und bei deinem Nein bleiben. Und auch dein Partner muss mit dir an einem Strang ziehen. Das bedeutet, dass dein Nein unumstößlich ist. Schon gar nicht dürfen die Kleinen merken, dass sie Vater und Mutter gegeneinander ausspielen können. Sagst du nämlich Nein und dein Partner Ja, merken das die Kleinen sehr schnell – und du darfst sicher sein, dass es nicht das letzte Mal war, dass sie dir auf der Nase herumtanzen!

Für ein ruhiges Familienleben, an dem ihr alle eure Freude habt, ist es also wichtig, gelegentlich konsequent Nein zu sagen. Auch für die Entwicklung deiner Kinder ist das essenziell, denn sie müssen begreifen, dass im Leben nicht alles nach ihren Wünschen läuft und dass nicht jeder nach ihrer Pfeife tanzt. Mit einem gelegentlichen Nein gibst du ihnen das Gefühl, dass die Welt nicht zusammenbricht, wenn sich ein Wunsch einmal nicht sofort erfüllt. So werden deine Kinder zu mündigen und reifen Erwachsenen, die ihrerseits ebenfalls in der Lage sein werden, ein stabiles Familienleben zu führen. Kinder, die niemals Grenzen spüren, scheitern hingegen im späteren Leben als Erwachsene leicht, weil sie nie gelernt haben, mit einer Abweisung umzugehen. Somit tust du nicht nur dir selbst und deinem Partner einen großen Gefallen, wenn du gelegentlich Nein sagst, sondern eben vor allem deinen Kindern.

In diesem Kapitel habe ich dir aufgezeigt, wie sich Selbstvertrauen und die Fähigkeit, gelegentlich Nein zu sagen, auf dein Leben auswirken werden. Damit bin ich fast am Ende mit diesem sehr spannenden Thema. Im letzten Kapitel gebe ich dir noch ein paar Impulse mit, über die du in einer ruhigen Minute gerne einmal nachdenken kannst. Sie helfen dir dabei, dir noch einmal zu vergegenwärtigen, wie du dein Ziel erreichst – souverän Nein zu sagen und dein Leben so zu gestalten, wie du es dir immer vorgestellt hast!

7.5 Zusammenfassung

Ein selbstbewusster Auftritt ist eine wichtige Voraussetzung für ein erfolgreiches Leben – so könnte man mit wenigen Worten beschreiben, warum du an deinem Selbstvertrauen arbeiten solltest. Wer selbstbewusst ist, kann Nein sagen. Wer also nicht gerne Nein sagt, muss an seinem fehlenden Selbstvertrauen arbeiten. In diesem Buch habe ich dir den Weg dorthin gezeigt. Wenn du von Zeit zu Zeit bei passender Gelegenheit ganz souverän Nein sagst, wirst du in beruflicher Hinsicht, aber auch in finanzieller und materieller Hinsicht und in deinem Privatleben davon profitieren.

Du verbesserst deine Chancen auf eine Karriere, die so verläuft, wie du dir das vorgestellt hast. Du verschaffst dir Respekt bei deinen Kollegen und bei deinen Vorgesetzten. Du vermittelst den Eindruck, dass du souverän und zuverlässig deinen Weg gehst und deine Ziele verfolgst, und solchen Leuten überträgt man gerne mehr Verantwortung. So optimierst du auch deine finanzielle und deine materielle Sicherheit, denn mit einem Nein zum richtigen Zeitpunkt hältst du vor allem Menschen auf Distanz zu dir, die dir in dieser Hinsicht nicht guttun. Auch in einem Gespräch mit einem Bankberater schadet ein Nein an der passenden Stelle sicher nicht, damit er dich als selbstbewussten Geschäftspartner wahrnimmt, der weiß, was er sagt, und der sich seiner Verantwortung in finanziellen Fragen stellt.

Ganz ähnlich verhält es sich in familiärer und partnerschaftlicher Hinsicht. Auch innerhalb deiner Familie, in deiner Partnerschaft oder bei deinen Kindern musst du ab und zu Nein sagen und klare Grenzen aufzeigen. Zwar sorgt das unter Umständen für Streit und Unruhe, doch du wirst auf Dauer eher respektiert und als souveräner und selbstbewusster Mensch wahrgenommen, wenn du dich zum richtigen Zeitpunkt souverän positionierst. Man wird dich als zuverlässig anerkennen und wissen, dass auf dein Wort Verlass ist, wenn ein Nein ein Nein ist und ein Ja ein Ja. Du wirst also auf allen Ebenen davon profitieren, wenn du lernst, mit souveräner Gelassenheit Nein zu sagen.

So hast du den Schlüssel in der Hand, dein Leben zu gestalten, wie du es dir immer vorgestellt hast – in jeder Beziehung und zu jeder Zeit!

8 Ein paar Impulse zum Schluss

Erinnerst du dich noch an das eigentliche Ziel dieses Buchs? Souverän und selbstbewusst Nein sagen – das wolltest du lernen. Deshalb hat dich der Titel angesprochen und deshalb hast du den Ratgeber in die Hand genommen. Du bist bis zur letzten Seite am Ball geblieben und hast hoffentlich den einen oder anderen wichtigen Tipp bekommen, der dich bei deinem Vorhaben unterstützt. Hoffentlich hat dir auch der Ausflug in die Theorie dabei geholfen, zu verstehen, was in dir vorgeht, wenn du dich nicht traust, Nein zu sagen – und womit du rechnen musst, wenn du Nein sagst. Jetzt ist es an der Zeit, noch einmal in dich zu gehen und zu reflektieren, wie du dich fühlst.

Wie geht es dir mit dem Wissen, das du nun gesammelt hast? Konntest du dich in der einen oder anderen Ausführung wiederfinden? Hattest du das Gefühl, dass ich den Nagel auf den Kopf getroffen habe oder habe ich deiner Einschätzung nach einen ganz anderen Menschen beschrieben? Hast du die eine oder andere Reaktion von dir selbst erkannt? Oder habe ich etwas vergessen, was dir im Alltag täglich passiert und was du gerne noch beleuchten möchtest?

Es lohnt sich, etwas genauer darüber nachzudenken, wie es dir mit deinem neu erworbenen Wissen geht. Haben sich deine Hoffnungen erfüllt? Bist du auf deinem Weg zu mehr Selbstvertrauen schon weitergekommen? Oder hast du das Gefühl, du bist noch meilenweit entfernt davon, souverän Nein zu sagen?

Nutze die Gelegenheit und denke ein wenig darüber nach. Frage dich ruhig selbst, ob du deinem Ziel näher gekommen bist oder nicht. Frage dich auch selbst, ob sich deine Hoffnungen erfüllt haben oder ob dir noch etwas fehlt. Hast du dir diese Klarheit verschafft, steht der nächste große Schritt an: Du musst dir selbst die Frage stellen, wie du dein neues Wissen anwenden willst und wie du dich entwickeln willst! Diese Entscheidung musst du nicht überstürzt treffen. Allerdings musst du berücksichtigen, dass deine Motivation, dich zu ändern und an dir zu arbeiten, irgendwann nachlässt. Wahrscheinlich bist du jetzt noch voller Elan und willst dich selbst verändern. Du willst dir mit einem souveränen Nein den Freiraum verschaffen, den du dir immer gewünscht hast. Du willst beruflich erfolgreich sein und die Partnerschaft führen, nach der du dich schon lange sehnst.

Ich freue mich, dass ich dich mit meinem Buch so motivieren konnte, dass du jetzt durchstarten willst und dich voll und ganz auf deine weitere Entwicklung konzentrieren willst! Ich empfehle dir, jetzt keine Zeit zu verlieren, sondern dich sofort an die Arbeit zu machen. Entwirf deinen Schlachtplan, bereite deinen 30-Tage-Feedback-Kalender vor – und fang an, deine tägliche Aufgabe abzuarbeiten! Je früher du beginnst, desto eher profitierst du von der ersten Motivation und von deinem Elan. Er trägt dich auch durch eine Phase, in der du vielleicht an dir zweifelst und nicht so überzeugt davon bist, dass du dein Ziel erreichst. Ich rate dir, jetzt sofort zu beginnen, damit du schon bald die ersten Erfolge feststellst.

Der folgende Gedanke ist vielleicht ein weiterer Schub für deine Motivation: Überlege dir ruhig, wie überrascht deine Kollegen reagieren, wenn du ihnen bei der nächsten Anfrage mit einem ganz souveränen Nein begegnest. Stell dir gerne vor, wie du ein nettes Mädchen auf der Straße ansprichst oder einen jungen Mann nach dem Weg fragst. Deine Vorstellungskraft hilft dir dabei, dieses Vorhaben dann auch in die Tat umzusetzen. Male dir die Situation gerne in allen Details aus. Stell dir genau vor, wo du wann hingehst und was du fragst. Je genauer du in deiner Phantasie bist, desto leichter fällt es dir hinterher in der Realität, genau das zu tun! Anders formuliert: Deine Gedanken formen sich zu deinen Handlungen. Wenn du dir also genau vorstellst, wie du deine ganz persönliche Herausforderung Tag für Tag meisterst, läuft die Realität nachher fast automatisch ab. Dieser kleine Tipp mag dir dabei helfen, deinen Plan umzusetzen und den begehrten grünen Haken in deinem Kalender zu setzen!

Damit bleibt nur noch die Frage, in welche Richtung du dich nun entwickeln willst. Bleibst du dabei, dein bequemes Leben zu leben und es anderen Menschen zu überlassen, deinem Leben die richtige Richtung zu geben? Liebst du diesen bequemen Weg, so dass du das Buch zwar gelesen hast, nur um es jetzt aus der Hand zu legen und in der hintersten Ecke deines Schranks zu verstecken? Willst du wirklich anderen Menschen die Aufgabe in die Hand legen, über dein Leben zu bestimmen? Das ist völlig in Ordnung, doch dann frage ich mich, warum du dich durch den Titel meines Buchs angesprochen gefühlt hast!

Wenn du aber doch lieber den unbequemen Weg gehst und bereit bist, dich zu entwickeln, stehen dir jetzt alle Wege offen! Du weißt, wie du lernst, souverän Nein zu sagen und du hast verstanden, wie du zu mehr Selbstvertrauen kommst! Dieses Wissen sollst du jetzt nutzen, um deinem Leben endlich deine ganz persönliche Wendung zu geben. Du willst mehr Erfolg im Beruf? Dann zeige deine Grenzen klar auf und mach deutlich, was du willst – und was nicht. Du willst finanzielle und materielle Sicherheit? Auch dann sind Grenzen nötig, damit andere Menschen sie nicht überschreiten. Du wünschst dir ein abwechslungsreiches Privatleben, in dem du selbst auf deine Kosten kommst und über deine Zeit bestimmst? Lerne, deine Familie, deine Freunde und deine Bekannten in die Schranken zu weisen, wenn es nötig ist. Du suchst eine erfüllte Partnerschaft und ein Familienleben, das nicht nur auf deine Kosten geht, sondern das man wirklich als Leben mit der Familie bezeichnen kann? Glückwunsch, dann weißt du jetzt, was du zu tun hast!

Dieses Buch zeigt dir, wie zu lernst, Grenzen zu setzen und Nein zu sagen. Es ist dein praktischer Begleiter für jeden Tag, den du im Kleinformat in der Tasche mitführen kannst. So vorbereitet und mit dem nötigen Wissen in Theorie und Praxis ausgestattet, sollte es dir nicht schwerfallen, sofort zu beginnen und dein Selbstvertrauen aufzupolieren. Du wirst sehen, dass es sich lohnt, denn mit jedem Tag nimmt dein Selbstvertrauen zu und du traust dich endlich, andere Menschen in ihre Schranken zu weisen. Deinem ganz persönlichen Traumleben in Partnerschaft und Familie und im Beruf steht dann nichts mehr im Weg!

Danksagung

Für mich ist es eine der schönsten Aufgaben der Welt, für meine Familie ist es eine der größten Herausforderungen in unserem Alltag – die Zeit, in der ein Buch dieser Art entsteht, gehört mit Sicherheit zu den spannendsten Phasen unseres Zusammenlebens. Man stelle sich den Kontrast einmal bildlich vor, der größer kaum sein könnte: Ich stecke meine ganze Zeit und Energie in die wissenschaftliche Recherche, in das Schreiben und Korrigieren dieses Ratgebers. Meine Familie hingegen muss wochen- und manchmal monatelang auf mich verzichten und wenn sie mich doch einmal sieht, wird der eine oder andere als Versuchsobjekt für die praktischen Übungen missbraucht. Es gehört nicht viel Phantasie dazu, dass es im täglichen Familienleben schon einmal turbulent zugehen kann und dass die liebsten Menschen in meinem Umfeld unglaublich viel Verständnis und Nachsicht für meine Arbeit mitbringen müssen.

Natürlich bringt meine Tätigkeit auch Phasen mit sich, in denen es ruhiger zugeht und in denen ich sehr viel Zeit mit meiner Familie verbringe. »Quality Time« nennt man das auf Neudeutsch und tatsächlich versuche ich, diese Abschnitte so sehr zu genießen, wie es irgendwie möglich ist – nur um dann schon bald wieder unruhig zu werden und über das nächste große Projekt zu sinnieren. Trotzdem bin ich der Vorsehung sehr dankbar dafür, dass sie es mir ermöglicht, Familie und Job miteinander zu vereinbaren und nach einer hektischen Phase wieder glücklich und entspannt in den Schoß der Familie zurückzukehren.

Am Ende eines solchen Ratgebers bleibt mir dann auch nicht viel anderes übrig, als meinem Umfeld und besonders meiner nächsten Familie für ihre unendliche Geduld und Liebe zu danken, mit der sie mich auf meinem Weg begleiten. Aus dem einen oder anderen Gespräch mit ihnen ergibt sich immer auch eine Anregung für ein neues Buch, und so war es auch mit diesem Ratgeber. Auch für diesen Impuls bin ich dankbar. Ohne die ständige Unterstützung durch meine Familie wäre ein Buch dieser Art nicht möglich, deshalb bin ich jedem einzelnen Mitglied zu ganz besonderem Dank verpflichtet.

An einem Projekt dieser Art sind aber noch weitere Menschen beteiligt, die mich in einer Phase der kreativen Höhenflüge manchmal nur schwer ertragen können. Dazu gehört zum Beispiel das ganze Team, das an der Konzeption, an der Entwicklung, an der Gestaltung und an der abschließenden Kontrolle beteiligt ist. Jedes einzelne Teammitglied ist für mich unendlich wertvoll, und das Ergebnis des gesamten Teams ist weitaus mehr als die Summe aller Einzelteile. Für mich immer wieder unverständlich, hält dieses Team nun seit vielen Jahren zu mir und macht mich zu dem, was ich heute bin — ein Freak, der die Extreme liebt, wie man mir so nachsagt.

Mein Dank gilt aber auch denjenigen, die ich in meiner Aufzählung sicher vergessen habe. Ich bin sicher, davon gibt es eine Menge. Sie mögen es mir nachsehen und mich damit entschuldigen, dass ich in Gedanken schon wieder mindestens teilweise auf dem Weg zum nächsten Extrem bin, um mich wieder einmal bis an die Grenze meiner Möglichkeiten und darüber hinaus zu fordern. Alle Beteiligten haben in ihrer andauernden Begeisterung für dieses Buch enorm dazu beigetragen, dass meine Leser es heute in den Händen halten und hoffentlich einen Teil der Begeisterung spüren, die uns alle bei der Arbeit immer wieder mitreißt. Sie ist auch so etwas wie das Geheimnis unseres Erfolgs, denn ohne diese Begeisterung schaffen wir es kaum, unzählige Leser unserer Bücher mitzureißen und zum Nachahmen anzuregen. In diesem Sinne dürfen sich alle Leser schon auf das nächste Werk freuen, für das es erste Ideen und Impulse gibt und das hoffentlich genauso viel praxisnahes Wissen vermittelt wie das vorliegende Buch.

Quellen

(1)   https://www.psychotipps.com/selbstsicher-nein-sagen.
      html, Abruf v. 10.08.2020

(2)   https://dieprojektmanager.com/warum-faellt-nein-sagen-
      so-schwer/, Abruf v. 11.08.2020

(3)   https://zeitzuleben.de/5-tipps-zum-nein-sagen/, Abruf v.
      11.08.2020

(4)   https://www.emotion.de/psychologie-partnerschaft/
      persoenlichkeit/fear-of-missing-out, Abruf v. 11.08.2020

(5)   https://www.flowfinder.de/nein-sagen/ , Abruf v.
      12.08.2020

(6)   https://www.persoenlichkeits-blog.de/article/108792/nein-
      sagen, Abruf v. 15.08.2020

(7)   http://www.solebenwieichwill.com/blog/11-gruende-nein-
      zu-sagen/, Abruf v. 20.08.2020

(8)   https://entwicklung-der-persoenlichkeit.de/definition-von-
      selbstvertrauen#:~:text=Unter%20dem%20Begriff%20
      %E2%80%9CSelbstvertrauen%E2%80%9D%20
      versteht,man%20von%20sich%20selbst%20
      hat.&text=Diese%20Bewertung%20und%20
      der%20Eindruck,F%C3%A4higkeiten%2C%20
      Fertigkeiten%2C%20und%20Handlungskompetenz,
      Abruf v. 23.08.2020

(9)   https://selbstvertrauen-staerken.de/selbstbewusstsein-und-selbstvertrauen/, Abruf v. 24.08.2020

(10) https://www.ikeanet.de/181-das-gesetz-der-kleinen-schritte-gewohnheiten-aendern-dein-leben/, Abruf v. 24.08.2020

(11) https://www.enzyklo.de/Begriff/Referenz_Erfahrung, Abruf v. 25.08.2020

(12) http://beziehung-in-balance.de/unsere-wuensche-gehen-alle-in-erfuellung-wenn-wir-nicht-zu-frueh-aufgeben/, Abruf v. 26.08.2020

(13) https://karrierebibel.de/niemals-aufgeben/, Abruf v. 27.08.2020

(14) https://www.nordantech.com/de/blog/project-management/warum-scheitern-projekte#:~:text=Das%20sind%20vier%20Gr%C3%BCnde%2C%20aus,gibt%20kein%20Bottom%2DUp%2DFeedback, Abruf v. 28.08.2020

(15) https://www.business-netz.com/Selbstmanagement/Ziele-schriftlich-fixieren#:~:text=2%3A%20Schriftliche%20festgelegte%20Ziele%20zwingen,und%20in%20die%20Tat%20umsetzen., Abruf v. 28.08.2020

(16) https://www.cio.de/a/drei-viertel-der-projekte-scheitern,2296981, Abruf v. 31.08.2020

(17) https://www.braintool.com/blog/erfolgskontrolle-projektmanagement/, Abruf v. 31.08.2020